Diogenes Taschenbuch 20821

Woody Allen

Manhattan

Drehbuch
von Woody Allen
und Marshall Brickman

Aus dem Amerikanischen von
Hellmuth Karasek und
Armgard Seegers

Mit 20 Fotos

Diogenes

Originaltitel: ›Manhattan‹

Fotos: Brian Hamill and Photoreporters

Erstausgabe

60/85/8/3
ISBN 3 257 20821 9

Manhattan

1979

Darsteller:

Isaac Davis	Woody Allen
Mary Wilke	Diane Keaton
Yale Pollack	Michael Murphy
Tracey	Mariel Hemingway
Jill, Ikes Ex-Frau	Meryl Streep
Emily Pollack	Anne Byrne
Connie	Karen Ludwig
Dennis	Michael O'Donoghue
Party-Gast	Victor Truro
Party-Gast	Tisa Farrow
Party-Gast	Helen Hanft
Ehrengast	Bella Abzug
Fernseh-Direktor	Gary Weis
Fernseh-Produzent	Kenny Vanee
Fernseh-Schauspieler	Charles Levin
Fernseh-Schauspielerin	Karen Allen
Fernseh-Schauspieler	David Rasche
Willie, Ikes Sohn	Damion Sheller
Jeremiah, Marys Ex-Mann	Wallace Shawn
Shakespeare-Darstellerin	Mary Linn Baker
Shakespeare-Darstellerin	Frances Conroy
Porsche-Besitzer	Bill Anthony
Porsche-Besitzer	John Doumanian
Pizzeria-Kellner	Ray Serra

Stab:

Produktion:	Jack Rollins, Charles H. Joffe
Verleih:	United Artists Corporation
Produzent:	Charles H. Joffe
Ausführender Produzent:	Robert Greenhut
Regie:	Woody Allen
Drehbuch:	Woody Allen und Marshall Brickman
Chefkameramann:	Gordon Willis
Ausstattung:	Mel Bourne
Kostüme:	Albert Wolsky

Schnitt:	Susan E. Morse
Casting:	Juliet Taylor
Musik:	George Gershwin
Aufnahmeleiter:	Martin Danzig
Regie-Assistenz:	Fredric B. Blankstein, Joan Spiegel Feinstein

Außen. Manhattan. Tag.

Die Skyline verschiedener Gebäudekomplexe. Ein Parkplatz mit dem Schild PARKING. An einem Hotel ein blinkendes Neonlicht mit der Aufschrift MANHATTAN.

Autos. Eine Brücke und Gebäude. Ein Restaurant mit der Aufschrift EMPIRE DINER. Eine schneebedeckte Straße, auf der Autos zum Empire State Building fahren. Eine Straße mit Lastwagen. Ein Lebensmittelgeschäft. Menschengedränge auf dem Bürgersteig. Ein Mann, der einen leeren Kleiderständer durch den dichten Straßenverkehr schiebt.

Ikes Stimme: »Kapitel eins. Er betete New York an. Er vergötterte New York über alle Maßen.« Ach nein, es muß heißen: »Er, er schwärmte über alle Maßen von New York. Denn er sah diese Stadt, ganz gleich zu welcher Jahreszeit, immer noch in Schwarzweiß und ihr Leben pulsierte zu den unvergeßlichen Melodien von George Gershwin.« Äh, ich fang lieber noch mal von vorne an.

Wäsche auf einer Wäscheleine, die zwischen zwei Gebäuden gespannt ist. Ein Mann lehnt sich aus einem Fenster.

Ikes Stimme: »Kapitel eins. Er sah Manhattan in einem zu rosigen Licht – genauso, wie alles andere.«

Verkehrsgewühl. Eine demonstrierende Menschenmenge.

Ikes Stimme: »Er blühte auf im Gewühl und Gedränge der Menschen und Autos.«

Fifth Avenue. Menschen auf dem überfüllten Bürgersteig gehen an einem Geschäft vorbei, an dem steht: HENRI BENDEL. Eine andere Straße. Absperrungen markieren ein großes Loch in der Straße. Arbeiter neben der Baustelle schauen einer Frau hinterher.

Ikes Stimme: »Für ihn bedeutete New York schöne Frauen und ausgebuffte Typen, die alle Tricks draufhatten.«

Ein Dock im Hafen. Eine dichtbesetzte Fähre legt an.

Ikes Stimme: Nein, nein, kitschig, viel zu kitschig für meinen Geschmack. (räuspert sich) Also, ich will mal versuchen, es mit mehr Tiefgang zu machen.

Außen. Manhattan. Abend.

Auf einer schneebedeckten Straße spielen Kinder. Drei Männer gehen zum Bordstein, während ein Taxi vorfährt.

Ikes Stimme: »Kapitel eins. Er betete New York an.«

Außen. Manhattan. Tag.

Ein Park mit Springbrunnen und Menschen. Geschäfte mit vollbehängten Kleiderständern vor der Tür. Viele Menschen gehen vorbei.

Ikes Stimme: »Für ihn war die Stadt ein Gleichnis für den Verfall der Gegenwarts-Kultur.«

Der Hafen von New York. Ein Boot fährt über den Fluß auf die Skyline zu. Der Fischmarkt. Ein Mann schaut durch ein Fenster und sieht, wie ein Mann einen Fisch wiegt. Der Mann geht weg. Im Fenster zwei Schilder mit der Aufschrift FRESH SWORD FISH TODAY und STRIPE BASS FILET.

Ikes Stimme: »Der gleiche Mangel an persönlicher Integrität, der so viele Leute die bequeme Tour reiten ließ, verformte die Stadt seiner Träume rasch zu einer . . .«

Eine Privatschule. Kinder in Schuluniform rennen aus dem Gebäude über den Bürgersteig.

Ein Basketballplatz. Drei Jungen spielen Basketball hinter einem hohen Gitter.

Ein schneebedeckter Park. Jogger.

Ikes Stimme: Nein, das wird zu sehr zur Predigt. Also, eigentlich, ehrlich gesagt, ich will ja hier ein paar Bücher loswerden. »Kapitel eins. Er betete New York an.«

Ein Gemüsestand vor einem Geschäft. Eine Reinigung. An der einen Hauswand eine Anschlagtafel, darauf ein Mann mit einer Bierdose und der Schriftzug SI NO TIENE SCHLITZ, NO TIENE EL GUSTO.

Auf dem Schild darüber PETER PAN CLEANERS. Eine Neonschrift im Fenster zeigt 1 HOUR SERVICE, PLANT ON PREMISES.

Außen. Kennedy-Airport. Nacht.

Menschen und Autos. Eine Schrift mit den Zeichen JFK.

Außen. Manhattan. Tag.

Eine Straße mit zwei Männern. Autos, die in Zweierreihen parken. Downtown. Ein Bus fährt im dichten Verkehr um eine Ecke.

Ikes Stimme: »Obwohl die Stadt für ihn ein Gleichnis für den Verfall der Gegenwarts-Kultur war. Es war schwer, in einer Gesellschaft zu leben, die abgestumpft durch Drogen, lärmende Musik, Fernsehen, Kriminalität und Müll . . .«

Drei Männer stehen an einer Ecke, während der Verkehr vorbeifließt. Berge von Müll in Plastiktüten auf dem Bürgersteig.

Ikes Stimme: Das klingt zu zornig. Ich will nicht zornig werden.

Außen. Die Parke-Bernet Galleries. Tag.

Menschen gehen zum Eingang des Gebäudes. Auf dem Schild über der Tür steht PARKE-BERNET GALLERIES INC. 980.

Ikes Stimme: »Kapitel eins. Er war . . .«

Innen. Das Guggenheim Museum. Tag.

Menschen in zwei verschiedenen Stockwerken sehen sich Bilder an.

Ikes Stimme: ». . . genauso abgebrüht und romantisch wie die Stadt, die er liebte.«

Außen. Manhattan. Tag.

Menschen gehen über die Straße auf das Geschäft zu, über dem GUCCI steht. Ein Hotel. Menschen gehen auf den Eingang zu. Ein Wolkenkratzer neben einem alten Gebäude. Ein halbfertiges Gebäude neben einem Wolkenkratzer. Mehrere Wolkenkratzer.

Ikes Stimme: »Hinter seinen schwarzgeränderten Brillengläsern lauerte die geballte sexuelle Kraft einer Raubkatze aus dem Dschungel.« Das ist stark. »New York war seine Stadt und würde es immer bleiben.«

Musik: Gershwin »Rhapsody in Blue«

Außen. Manhattan. Dämmerung.

Ein Park. Die Skyline. Sonnenuntergang. Diverse Gebäude. Der Central Park. Ein Balkon. Ein Mann und eine Frau küssen sich. Eine schneebedeckte Straße. Zwei Taxis vor dem Pierre Hotel. Ein weiteres Taxi kommt dazu.

Außen. Manhattan. Nacht.

Eine Neonschrift MAJESTIC an einem Gebäude. An einem anderen ST. JAMES. Eine weitere GLOBE HOTEL. Das Lincoln Center bei Nacht. Der Broadway bei Nacht. Verkehr fließt an den Theatern vorbei. Auf einem blinkenden Neonlicht steht BROADWAY. Verkehr vor der Radio City Music Hall. Auf dem Schild vor dem Theater steht

Music Hall Rad, Anthony Quinn Jennifer O'Neill. Ein Neonlicht mit der Aufschrift Enjoy Coca-Cola. Auf einer Tafel leuchtet die Temperatur auf 67°, daneben die Zeit 10:16, darunter Castro, darüber Whisky. Menschen in einer Reihe von Telefonzellen auf einem überfüllten Bürgersteig. Bürogebäude mit erleuchteten Büros. Das Delacorte Shakespeare Theater. Zwei Schauspielerinnen in Kostümen vor einer Dorfstraßen-Kulisse. Das Yankee Stadium bei Nacht. Viele Gebäude und ein Zug. Im Stadion undeutlich eine Menschenmenge. Manhattan bei Nacht. Die Skyline, vor der ein Feuerwerk explodiert.
Ende Musik

Außen. Café. Nacht.

Auf einem Fenster ist zu lesen Elaine's.

Innen. Elaine's Café. Nacht.

Ein Kellner geleitet in dem überfüllten Café einen Mann und eine Frau zu einem Tisch. Er rückt den Tisch von der Wand ab, wischt die Krümel von der Decke und reicht die Speisekarten. Der Mann rückt der Frau den Stuhl zurecht, während sie sich setzt. An einem Tisch sitzen Yale Pollack, ein Intellektueller, Dozent und Kritiker, Emily, Isaac Davis und Tracey.

Yale: Ich glaube, das Wesen der Kunst besteht darin, verstehst du, Menschen eine Möglichkeit zu geben, äh, Situationen aufzuarbeiten, um so Gefühle kennenzulernen, von denen sie nicht wußten, daß sie sie überhaupt haben, weißt du.

Ike: Talent ist Glückssache. Ich glaub, das Wichtigste im Leben ist Mut.

Emily, Yales Frau, grinst.

Emily: Und darüber streiten die sich seit zwanzig Jahren.

Tracey schaut auf.

Ike: Hör dir mal folgendes Beispiel an: Wenn wir vier jetzt (schmatzt mit den Lippen) zusammen nach Hause gingen, über eine Brücke, und unter uns würde gerade jemand ertrinken. Hätten wir den Mut, hätte einer von uns den Mut, in das eiskalte Wasser zu springen und den Ertrinkenden zu retten?

Yale: Ins Wasser springen und den Ertrinkenden retten.

Ike: Nämlich ... Das ist nämlich eine entscheidende Frage. Also ich jedenfalls, ich kann nicht schwimmen, da stellt sich mir das Problem gar nicht.

Ike steckt sich eine Zigarette in den Mund. Yale schaut Emily an.

Ike: Also, ich weiß nicht.

Yale: Nein, nein. (zu Emily) Tja, wer von uns würds machen? (gluckst)

Emily: Ich weiß nicht.

Ike summt vor sich hin, zündet sich die Zigarette an. Yale hält Emily eine Gabel voll Essen hin.

Yale: Möchtest du noch?

Emily: Nein, danke.

Yale: Na los, du willst doch noch was.

Emily: Nein, danke.

Ike zieht an der Zigarette, schaut Tracey an.

Ike: Mm. Oh, Mann, ist das toll.

Yale: Hm.

Tracey (kichert): Du rauchst ja gar nicht.

Ike: Ich weiß, daß ich nicht rauche. Ich inhaliere deshalb nicht, weil man davon Krebs bekommt. Aber (stößt den Rauch aus) andererseits sehe ich so unwahrscheinlich gut aus, mit Zigarette . . .

Ike nimmt die Zigarette aus dem Mund, Tracey nickt.

Tracey: Oh.

Ike: . . . daß ich unmöglich keine in der Hand haben kann. Das weiß ich.

Yale lacht. Ike raucht.

Ike: Gefällts dir, wie ich aussehe?

Tracey: Mm-hm.

Ike: Das hab ich mir gedacht.

Yale: Herausfordernd siehst du aus.

Ike: Ich werd bald dreißig, ist das klar?

Emily lacht.

Tracey (zu Isaac): Ja. Entschuldigt mich bitte.

Tracey steht auf und geht hinaus.

Yale: Gott, sie ist hinreißend.

Ike trinkt Wein und nickt.

Ike: Ja, aber sie ist siebzehn. (schmatzt) Ich bin zweiundvierzig, und sie ist siebzehn. (hustet) Ich . . . ich bin älter als ihr Vater. Könnt ihr euch das vorstellen? Ich gehe mit einem Mädchen und könnte ihren Vater verhauen. Zum erstenmal in meinem Leben bin ich mit diesem Phänomen konfrontiert.

Emily: Er ist betrunken.

Yale: Du bist betrunken. Du weißt, daß du nichts verträgst.

Ike raucht und trinkt.

Ike: Phhh. Hab ich euch schon erzählt, daß meine Ex-Frau . . .

Emily (off): Wer, Tina?

Ike schüttelt den Kopf und hält zwei Finger hoch.

Ike: Mm-mm meine zweite Ex-Frau ein Buch über unsere Ehe und die Trennung schreibt?

Emily (off): Das ist ja mies.

Ike: Ja, wirklich deprimierend. Sie wird nämlich (seufzt) alle Details breittreten, all meine kleinen Schwächen, Eigenheiten und Angewohnheiten ausbreiten und (pafft) und, also nicht, daß ich irgend etwas zu verbergen hätte, (schmatzt) aber es gibt natürlich ein paar widerliche kleine Szenchen, die ich bereue.

Yale: Das ist alles nur Klatsch, verstehst du. Klatsch ist die neue Pornographie. Haben wir ja jeden Tag in der Zeitung.

Ike (off): Ich sollte mich auf keinen Fall von ihr bedrohen lassen.

Yale: Ich weiß.

Tracey kommt zurück und setzt sich neben Ike. Ike kichert.

Yale (kichert): Du solltest dich auf keinen Fall trinken lassen.

Ike: Ich weiß, mein Kopf . . .

Tracey schaut Ike an.

Tracey: Also, wir sollten jetzt gehen. Ich muß morgen eine Arbeit schreiben.

Ein Mann zu einer Frau (im Vorbeigehen): Ein ordentlicher Plan . . .

Ike schaut Emily und Yale an und legt dann den Arm um Tracey.

Ike: Ach so. (zu Emily und Yale) Die Kleine muß früh raus und ...

Frau (off): Zwanzig vor zwölf.

Mann (off): Zwanzig vor zwölf.

Tracey seufzt und lacht. Ike schaut Yale an.

Ike (kichert): Sie muß Schularbeiten machen. Ich hab ne Freundin, die noch Schularbeiten macht.

Tracey seufzt.

Außen. Straße. Nacht.

Emily und Tracey gehen hinter Ike und Yale über den Bürgersteig.

Ike: Sag mal, was ist eigentlich los mit dir? Du bist, du bist so, wo bist du eigentlich jetzt mit deinen Gedanken?

Yale (seufzt): Oh.

Ike: Du scheinst Millionen Kilometer weit weg zu sein.

Yale: Ja also, ich muß mit dir über was reden. Ich äh, ich weiß nur nicht, wie ichs ... wie ichs dir sagen soll. Also ich, ähem ja, ich, also vor sieben oder acht Wochen war ich zu einem Abendessen eingeladen und äh, ich hab da eine Frau getroffen und tja ich ... ich, irgendwie, also wie soll ich sagen, ich bin da ziemlich in was hineingeschliddert, also ...

Ike: Machst du Witze?

Yale: Es fing ganz harmlos an, verstehst du?

Ike: Hmh.

Yale: ... wir waren ein paar Mal zusammen essen. Und jetzt ist mir, weißt du, also das Ganze ist mir irgendwie über den Kopf gewachsen und ich weiß nicht, was ich machen soll. Ich finde das alles ziemlich beängstigend ...

Ike: Tja, also was, wer ist sie, was macht sie? Erzähl maln paar Einzelheiten.

Ike und Yale gehen um eine Ecke.

Yale: Also sie ist Journalistin.

Ike: Aha.

Yale: Sie ist sehr ...

Ike: Ist sie auch verheiratet?

Yale: Nein, nein, nein. Sie ist sehr schön.

Ike: Mhm.

Yale: Sie ist sehr, wie soll ich sagen, irgendwie nervös, hypersensibel und sie läßt sich nicht festlegen.

Ike: Na großartig, toll. Klingt ja wunderbar.

Yale: Oh, sie ist wunderbar. Verstehst du, ich muß immerzu an sie denken.

Emily und Tracey kommen um die Ecke, folgen Ike und Yale.

Ike: Das soll also heißen, du willst mir damit also sagen, daß deine, äh, Ehe ... du ...? Ich meine, wie ernst ist es denn?

Yale schaut sich um, zuckt die Schultern.

Yale: Ich weiß es nicht. Ich glaube, es ist ziemlich ernst. Ich meine ...

Ike: Hast du Emily noch nichts gesagt?

Yale: O Gott, nein.

Yale schaut nach Emily.

Ike: Das ist wirklich ein Ding. Ich bin echt überrascht, weil ... unter all meinen Bekannten hab ich deine und Emilys Ehe für eine der besten Ehen gehalten.

Yale: Ist sie auch. Weißt du, also, ich liebe sie ja. (murmelt)

Ike: Ja, aber du siehst doch, du ...

Yale: Ich weiß, ich weiß ja. Aber ich, ich finde einfach, in den ganzen Jahren, seit wir verheiratet sind, hab ich, das weißt du doch, hab ich ein oder zwei ganz unbedeutende Sachen mit anderen Frauen gehabt. Ich meine, ich meine, ganz ... paß auf ... mir gefällt die ganze Situation nicht. Ich kann mich selbst nicht ausstehen, wenn ich sowas mache.

Ike: Also ich weiß nicht.

Yale: Aber jetzt ist es eben etwas völlig anderes, verstehst du? Ich ...

Ike: Das ist wirklich schrecklich ... Ich, also weißt du, du, mich solltest du nicht um Rat fragen.

Yale seufzt.

Ike: Wenn es um Beziehungen zu Frauen geht, bin ich nämlich der Gewinner des August-Strindberg-Preises.

Innen. Emilys und Yales Apartment. Nacht.

Emily und Yale treten ein. Emily macht das Licht an, Yale schließt die Tür. Yale geht ins Wohnzimmer. Er steht neben der Stehlampe.

Emily: Ich finde nicht, daß siebzehn zu jung ist. Außerdem ist sie ein aufgewecktes Mädchen.

Yale (grinst): Also äh, darüber werden wir uns

nicht in die Haare geraten. Ich finde sie prima. Er hätte was viel Schlimmeres finden können. Er hat ja auch schon was viel Schlimmeres gefunden. Ich finde nur, er verschwendet sein Leben mit dem, dem Mist, den er fürs Fernsehen schreibt.

Yale macht die Lampe an und zieht sich das Jackett aus. Emily geht in die Küche.

Emily (off): Yale ... hast du noch mal darüber nachgedacht, wie es wäre, wenn wir Kinder hätten?

Yale: O Gott, Kinder! Hör zu, ich muß jetzt endlich das O'Neill-Buch fertig machen. Sonst wird das nie mehr was. Ich muß jetzt das Geld für die Zeitschrift zusammenbringen. Kinder!

Yale geht zu Emily in die Küche. Emily dreht sich zu ihm um und stellt das Geschirr ab. Sie umarmen sich.

Emily: Aber wir wollten doch immer ein Haus in Connecticut kaufen.

Yale seufzt.

Emily: Da könntest du dann arbeiten.

Yale: Connecticut.

Emily: Ja.

Yale küßt Emily.

Yale: Ich kann jetzt nicht nach Connecticut gehen. Das wär sehr unpraktisch. All meine Sachen sind hier. Meine Arbeit ist hier. Das ist jetzt einfach der falsche Zeitpunkt dafür. Und was ist mit Isaac? Wir können ihn doch nicht einfach im Stich lassen. (kichert) Du weißt doch, daß der nirgendwo anders als in New York zurechtkommt. Ist doch so. Sehr freudianisch.

Emily nickt. Sie küssen sich.

Emily: Hmh.

Außen. Straße. Tag.

Jill Davis, Ikes Ex-Frau, kommt aus einem Hauseingang, geht den Bürgersteig entlang. Ike, der in einem anderen Hauseingang auf sie wartet, paßt sie ab.

Ike: Ist das wahr, daß du ein Buch über unsere Ehe schreibst?

Jill: Laß mich gefälligst in Ruhe!

Ike: Schreibst du was über unsere Trennung, ja?

Jill: Wir haben bereits alles gesagt, was es zwischen uns zu sagen gibt.

Ike: Ich weiß es zufällig, weil ich bei Random House einen Freund habe, weißt du.

Sie biegen um eine Ecke.

Jill: Ich kann doch wohl tun und lassen, was ich will.

Ike: Klar, aber das betrifft mich auch.

Jill: Ich habs eilig.

Ike: Du wirst also allen alles über uns erzählen, stimmts? Über unser Leben, unser Sexualleben, unser . . . alle Einzelheiten, oder?

Jill: Was soll das eigentlich? Spionierst du mir hinterher?

Ike: Nein, das hab ich gar nicht nötig. Ich war auf einer Party und ein Typ erzählte, er hätte ein Vorauskapitel eines Buches gelesen, das meine Frau jetzt schreibt. Und da seien ziemlich scharfe Sachen drin, er meinte, das seien ganz scharfe Sachen.

Jill lacht.

Ike: Ich hab meine . . . ich hab mir Wein auf die Hose gekleckert.

Jill: Also, ich hab keine Lust, darüber zu reden.

Ike: Du hast keine Lust, darüber zu reden – Wie gehts Willie?

Jill: Gut.

Ike: Also kannst du nicht ein bißchen genauer werden? Was heißt hier »gut«?

Sie bleiben stehen.

Ike: Spielt er Baseball? Trägt er Mädchenkleider? Oder was?

Jill: Er trägt keine Mädchenkleider. Du wirst ja alles erfahren, wenn du wieder dran bist und ihn siehst.

Ike: Hör mal, schreib das Buch nicht. Das ist eine demütigende Angelegenheit.

Jill: Es ist eine aufrichtige Darstellung unseres Auseinanderlebens.

Ike: Herrgott nochmal, alle unsere Bekannten werden alles über uns erfahren.

Jill: Mein lieber Mann, du siehst ja aus wie die Bedrohtheit persönlich.

Ike: Ich fühl mich überhaupt nicht bedroht, weil ich, äh, also von uns beiden war nicht ich derjenige, der unmoralisch, psychotisch und promiskuitiv war. Ich hoffe, ich hab nichts ausgelassen.

Jill geht eilig weg.

Innen. Ikes Apartment. Nacht.

Tracey sitzt auf der Couch und liest ein Buch. Ike kommt mit zwei Weingläsern die Treppe hinunter.

Ike: Willst du mir damit sagen, daß, daß, daß ich, daß du, bevor wir uns kennengelernt haben, bereits drei Beziehungen hattest? Das ist wirklich schwer zu glauben. Das ist ein echter Hammer. Also, als ich so alt war wie du, da haben mich meine Großeltern noch ins Bett gesteckt.

Ike geht in die Küche, macht Licht und stellt die Weingläser ab.

Tracey: Aber das waren doch ganz unreife Jungs. Überhaupt nicht mit dir zu vergleichen.

Ike kommt ins Wohnzimmer.

Ike: Was soll denn das heißen?

Tracey: Hab ich dir doch schon gesagt, ich glaube, ich liebe dich.

Ike geht zur Couch.

Ike: He, nun flipp doch nicht gleich aus. Das ist, das ist eine großartige . . .

Ike setzt sich neben Tracey, schiebt dabei ihre Beine zur Seite.

Ike: Rutsch mal ein Stück, Schatz . . . denn, weißt du, es ist ein wunderbares . . . weißt du, wir haben großen Spaß zusammen und so weiter. Aber du, du bist ein Kind, das darfst du nie vergessen, weißt du. Ich meine, du wirst noch ne Menge toller Männer in deinem Leben kennenlernen . . . ähem, du sollst deine Freude an mir haben, an meinem, meinem ironischen Sinn für Humor und (kichert) meinen erstaunlichen sexuellen Techniken, aber vergiß nicht, daß du, du hast doch noch dein ganzes Leben vor dir.

Tracey: Empfindest du denn gar nichts für mich?

Ike: Wie kannst du so etwas fragen! Was erwar . . . natürlich, ich bestehe nur aus Empfindungen für dich, aber, weißt du . . . man soll sich einfach nicht an jemand binden, wenn man in deinem Alter ist. Es ist zwar, tja, reizend, weißt du und (räuspert sich) auch erotisch – keine Frage. Und solange sich die Bullen nicht um uns kümmern, werden wir bestimmt noch ein paar Rekorde brechen, weißt du. Aber du kannst nicht, äh, du kannst nicht, also, das ist einfach nicht gut für dich. Du solltest mich eher so als so eine Art Umleitung auf deiner Lebensstraße ansehen.

Ike steht auf und nimmt Tracey bei der Hand.

Ike: Ich glaube, du solltest dich jetzt lieber anziehen und gehen.

Tracey: Willst du nicht, daß ich über Nacht hierbleibe?

Ike: Ich, ich möchte einfach nicht, daß das zur Gewohnheit wird, weil, also bevor man sich versieht ... Erst bleibst du eine Nacht, dann zwei Nächte, und dann, dann wohnst du praktisch hier.

Tracey steht auf, beide gehen zur Treppe.

Tracey: Wär eigentlich gar nicht so ne schlechte Idee.

Ike: Nein, nein, das wär keine so gute Idee. Würde dir bestimmt nicht gefallen, glaub mir. Ich bin, ich bin nur schwer zu ertragen. Morgen gehen wir ins Bleeker Street Cinema und da zeig ich dir den Film mit Veronica Lake. Okay?

Tracey: Na gut. Ist Veronica Lake die Rothaarige von den Posters?

Ike: Nein, das ist Rita Hayworth. Also müssen wir denn das jedesmal wieder durchkauen?

Beide gehen die Treppe hinauf.

Tracey: Wer, Rita wer?

Ike: Rita Hayworth. Willst du mich verscheißern?

Ich merke überhaupt nie, wenn du Quatsch machst.

Tracey: Natürlich mach ich Quatsch. Glaubst du, ich weiß nichts aus der Zeit vor Paul McCartney oder so?

Innen. Eine Kunst-Galerie. Tag.

Tracey und Ike schauen sich in einem überfüllten Raum Fotografien an. Im Hintergrund Gemurmel.

Ike: Weißt du, ich find diese Fotos hier sehr interessant, ich meine, also . . .

Tracey: Ja, find ich auch.

Ike: Hast du eigentlich die Kamera schon mal benutzt, die ich dir geschenkt habe?

Tracey: Ja sicher. Andauernd. Ich hab in unserer Theatergruppe Fotos gemacht.

Ike: Wirklich?

Tracey: Das macht Spaß. Echt Spitze.

Ike: Weißt du, wie du dich anhörst? Wie die Maus bei Tom und Jerry.

Tracey (kichert): Spinnst du?

Ike: Nein wirklich. Jetzt bin ich endlich drauf gekommen.

Tracey: Du solltest dich mal hören, mit deiner quengeligen Stimme. (kichert)

Ike: Du hörst dich wirklich genau wie die Maus an. Du bist ne echte Nummer.

Tracey (kichert): Na vielen Dank.

Ike: Ich weiß, ich bin ein Quengler. Weißt du . . .

Beide drehen sich um. Tracey kichert.

Ike (zu jemandem im Off): Was machst du denn hier?

Tracey: Hallo.

Yale (off): Tag.

Ike: Wie ... wie lange bist du denn schon hier?

Tracey: Wirklich, wir haben gerade über dich gesprochen.

Ike: Das ist ja echt lustig.

Tracey: Ha.

Ike: Was ... was, äh, was machst ... hast du ... bist du hinter uns hergelaufen oder was?

Tracey kichert. Yale tritt zu den beiden.

Yale (grinsend): Wie gehts denn so? (zu Tracey) Hallo.

Ike: Na gut. Das ist wirklich komisch. Wir haben uns gerade darüber unterhalten, ob wir alle an diesem Wochenende zu diesem Shakespeare da im Central Park gehen sollen. Ob wir das nicht einfach machen sollen.

Mary Wilke tritt hinzu und stellt sich neben Yale.

Yale: Ja, gute Idee.

Tracey: Ja, das wär lustig.

Yale: Ich bin dabei. Oh, das ist eine, äh, Bekannte von mir.

Yale: Das ist Mary Wilke. (zu Mary) Isaac Davis und Tracey.

Ike und Mary geben sich die Hand.

Mary: Hallo, Tachchen.

Ike: Hallo, guten Tag.

Mary: Nett, euch kennenzulernen.

Ike: Find ich auch, find ich auch.

Mary (zu Tracey): Hallo.

Tracey: Tachchen.

Ike (lachend): Wir waren eben unten in der Castelli

Gallery. Haben uns die Fotoausstellung angesehen. Toll, einfach toll!

Tracey: Wirklich gut!

Mary: Hats euch wirklich gefallen?

Ike: Die, äh, Fotos unten . . .

Mary (off): Ja, unten.

Ike: . . . in der Castelli Gallery . . . Spitze, absolut Spitze. (zu Mary und Yale) Was meint ihr?

Mary: Hach. Also ich, ich fands ziemlich epigonal. Für mich war das ein Abklatsch von Diane Arbus, aber ohne ihren Witz. Ich fand . . .

Ike: Wirklich? Also wissen Sie, uns hats nicht so gut gefallen wie die Plexiglas-Skulptur, das muß ich zugeben. Ich meine, es . . .

Ike schaut zu Mary, dann zu Yale.

Mary: Ach, euch hat also das Plexiglas-Ding gefallen?

Ike: Die Plexiglas-Skulptur hat Ihnen auch nicht gefallen?

Mary (mit einem Seufzer): Na ja, interessant wars schon. Ich, äh, ich . . . äh . . .

Ike: Es war jedenfalls verdammt viel besser als dieser, dieser Würfel aus Stahl. Habt ihr den Würfel aus Stahl gesehen?

Tracey: O ja, ja, das war das Wahnsinnigste.

Ike lacht nervös.

Mary (off): Also, das fand ich großartig, absolut großartig.

Ike: Den Würfel aus Stahl? Großartig?

Mary: Ja. Also, äh, für mich wars reine Struktur. Verstehen Sie, was ich meine? Es war völlig in sich geschlossen und strahlte eine, eine, eine wunderbar negative Potenz aus. Den Rest von dem Zeug da unten kann man echt vergessen. Reine Scheiße.

Ike hebt die Augenbrauen.

Außen. Straße. Tag.

Yale (zu Ike): Hast du Lust, mit zu den Sol Lewitts zu kommen?

Ike: Klar, gerne. (zu Tracey) Und du? Willst du die Sol Lewitts auch sehen?

Mary: Wißt ihr schon, daß er bald ne Vernissage im Modern Art haben wird? Ich soll, äh, über Sol was für »Insights« schreiben. Ihr, ihr kennt doch die Zeitschrift. Eine von diesen, äh, kleinen Zeitschriften. Mensch, das sind vielleicht Säcke da (kichert).

Die stecken noch voll im Radikalismus der dreißiger Jahre.

Mary schaut Tracey an.

Mary: Und du, was treibst du so?

Tracey: Ich geh auf die High School.

Mary: Ach. (kichert) Wirklich, hm?

Mary schaut Yale an.

Mary: Irgendwie liegt ein Hauch von Nabokov in der Luft, wenn du weißt, was ich meine.

Yale schaut Ike an.

Yale (lachend): Ich halte die Sachen von Lewitts für überschätzt. Für mich ist er beinah Akademie-verdächtig.

Mary: Wirklich? Findst du? (kichert) Ja, stimmt. Wir ...

Yale (fällt ihr ins Wort): Mary und ich haben uns eine, äh, Akademie der Überschätzten ausgedacht.

Mary: Genau. (kichert)

Yale: Für solche Geistesheroen wie ...

Mary: Solche Leute wie ...

Yale (kichert): Gustav Mahler ...

Mary: und Isak Dinesen und CeGe Jung ...

Yale: Scott Fitzgerald und ... (kichert)

Mary: Lenny Bruce. Wir dürfen auf keinen Fall Lenny Bruce vergessen. Stimmts?

Yale (lacht): Lenny Bruce.

Mary: Und was ist mit Norman Mailer? Und Walt Whitman?

Ike (unterbricht sie): Ich finde diese Leute alle großartig. Alle, die Sie genannt haben.

Mary: Was? Was?

Yale (zu Mary): Wer war doch gleich der Typ, den

du noch hattest? Letzte Woche hattest du einen wirklich tollen . . .

Mary: Nein, nein, nicht ich, du hattest ihn. Es war Heinrich Böll, oder?

Yale: O Gott!

Ike: Überschätzt?

Yale: Wir dürfen den alten Heinrich auf keinen Fall vergessen.

Mary sagt etwas Undeutliches.

Ike (fällt ihr ins Wort): He, und was ist mit Mozart? Ihr könnt doch Mozart nicht auslassen, ich meine, wo ihr doch dabei seid, Leute auf den Müll zu schmeißen.

Mary (kichert): Und was ist mit Vincent van Gogh? (Sie spricht es ›Choch‹ aus) Oder mit Ingmar Bergman?

Ike sieht Tracey an.

Ike: Van Choch! (zu Tracey) Hat sie van Choch gesagt?

Mary: Was ist mit Ingmar Bergman?

Ike (gleichzeitig): Van Choch!

Yale blickt Mary an.

Yale (zu Mary): Du, mit Bergman wirst du Schwierigkeiten bekommen (seufzt).

Mary: Wie meinst du das?

Ike sieht Mary an.

Ike: Bergman? Bergman ist das einzige Genie des zeitgenössischen Kinos, würde ich sagen . . . ich meine . . .

Yale (zu Mary): Er ist ein großer Bergman-Fan, weißt du!

Mary sieht Ike an.

Mary: Ich bitte dich ... (zu Isaac) Gott, Sie sind doch das genaue Gegenteil. Ich meine, Sie schreiben doch diese wahnsinnig tollen Fernsehshows. Die sind irrsinnig komisch, und sein Standpunkt ist so skandinavisch. So düster, mein Gott. Ich meine, dieser ganze Kierkegaard und so. Wirklich pubertär, verstehn Sie, dieser ganze modische Pessimismus. Ich meine, das Schweigen! Gottes Schweigen! Okay, okay, okay, ich meine, als ich noch in Radcliffe zur Schule ging, fand ich das ganz toll, aber, ich meine, da wächst man drüber hinaus. Und zwar vollkommen.

Yale: Ich glaube, ich bin auf seiner und Ingmars Seite (lacht).

Ike sieht Tracey an.

Ike (zu Tracey): Schaff sie mir vom Hals. Ich glaub nicht, daß ich sie noch länger ertragen kann. Sie ist echt grauenhaft.

Mary: O nein, nein, nein, nein. Begreift ihr nicht, begreift ihr Kerle denn nicht, daß da nur die eigenen psychologischen und sexuellen Wehwehchen aufgemotzt werden, indem man sie mit solch großen philosophischen Fragen in Zusammenhang bringt? Darum geht es doch.

Ike räuspert sich.
Sie bleiben stehen.

Yale: Da wären wir also.

Ike: Also hör mal, ich ...

Mary: Oh ...

Ike (zu Mary): Nett, daß wir uns kennengelernt haben.

Mary: Also.

Ike schüttelt Mary die Hand.

Ike: Es war mir ein Vergnügen und . . .

Yale: Oh . . .

Ike: . . . Wirklich aufregend, aber wir müssen jetzt gehen.

Mary: Ja also . . .

Ike: . . . Weil wir nämlich noch was, wir müssen nämlich noch was besorgen. Fast hätt ichs vergessen.

Mary: Hören Sie mal. Hören Sie doch mal! Ich hab dieses (kichert) komische Gespräch nicht gewollt. Ich meine, wirklich, ich meine, ich komm nur aus Philadelphia. Wissen Sie, ich meine, wir glauben noch an Gott und so, äh, äh, verstehen Sie?

Ike: Was zum Teufel soll denn das nun wieder heißen?

Mary: Ist was?

Ike: Was soll das . . . was, was wollen Sie, was haben Sie, was meint, was meint sie denn damit?

Mary: Also was . . .

Ike: »Ich komm aus Philadelphia.« »Ich glaube an Gott?« Was . . . was soll . . .

Mary lacht nervös. Ike schaut Tracey an.

Ike (zu Tracey): Was will sie eigentlich? Hast du das kapiert?

Innen. Ein Feinkostladen. Tag.

Tracey und Ike.

Ike: Mensch, ist die ein Horror! Kannst du sowas glauben! Die war doch absolut . . .

Tracey: Ich glaub, sie war sehr nervös.

Ike: Nervös? Sie war penetrant! Sie war ... einfach schrecklich. Sie war (Ike zeigt auf seinen Kopf) total verhirnt. Was bildet sich diese kleine Radcliffe-Mieze eigentlich ein, über Leute wie Scott Fitzgerald und Gustav Mahler oder Heinrich Böll zu urteilen?

Tracey (kichert): Ich versteh gar nicht, warum du dich so aufregst.

Tracey packt etwas in den Einkaufskorb.

Ike: Ich reg mich auf, weil ich dieses pseudointellektuelle Gelabere so hasse. Und wie preziös sie tut! Van Choch! Ist das zu fassen? Sie hat van Choch gesagt. Unglaublich ... spricht wie ein Araber. Also, wenn die noch eine Bemerkung über Bergman ge-

macht hätte, (Ike ballt eine Faust) dann hätte ich ihr noch ne Kontaktlinse ausm Gesicht gehauen.

Tracey (kichert): Oh, ist sie eigentlich die Geliebte von Yale?

Ike: Das verstehe, wer will. Wo der so eine tolle Frau hat, fummelt er mit diesem kleinen Yo-Yo rum, na, du weißt schon. Aber der, der war schon immer so ein Arsch und ist auf diese Zippen geflogen, diese Frauen, verstehst du, die ihn in Diskussionen über das existentielle Da-Sein verwickeln, verstehst du? Die hocken doch wahrscheinlich auf dem Fußboden herum, mit Wein und Käse, und sprechen Worte wie Allegorie und Eklektizismus falsch aus. (seufzt)

Tracey nimmt eine Flasche aus dem Regal und legt sie in den Korb.

Tracey: Ich glaub aber, daß Yale sie sehr mag.

Ike: Also, ich bin da altmodisch. Ich glaube nicht an außereheliche Beziehungen. Ich finde, Menschen sollten für ein Leben lang verbunden sein wie Tauben oder Katholiken.

Tracey: Tja, also ich weiß nicht. Vielleicht sind die Menschen gar nicht für nur eine tiefe Beziehung gemacht. Vielleicht, weißt du, sind die Menschen eher dazu bestimmt, eine Reihe von Beziehungen unterschiedlicher Dauer zu durchleben.

Tracey und Ike stehen an der Kasse. Die Kassiererin nimmt ihre Sachen aus dem Korb.

Tracey: Also ich meine, solche Ansichten sind doch ziemlich veraltet.

Ike: Also, von dir laß ich mir doch nicht sagen, was veraltet ist, klar! Du bist ganze 17 Jahre alt, großgeworden mit Drogen, Fernsehen und der Pille. Ich, ich, ich stamme noch aus dem Zweiten Weltkrieg. Ich hab noch im Schützengraben gelegen.

Tracey (kichert): Du warst doch im Zweiten Weltkrieg gerade erst acht Jahre alt.

Ike: Stimmt, ich war nie im Schützengraben. Ich gehör zur Generation dazwischen. Ich hatt es nicht leicht, zwischen allen Stühlen.

Tracey (lacht)

Ike: Nimm jetzt bitte unsere Sachen!

Innen. Ein Fernsehstudio. Tag.

Kameramänner, Regisseur, Gregory und Caroline Payne Whitney Smith. Der Interviewer schaut in die Kamera.

Interviewer: Guten Morgen und herzlich willkommen bei unserer Sendung »Leute von heute«. Heute unterhalten wir uns mit, äh, Gregory und Caroline Payne Whitney Smith, die sehr eng mit den Carters befreundet sind, stimmts?

Gregory: Und wir sind trotzdem ganz normale Leute, ganz alltägliche Menschen, mit Schulden so wie Sie. (lacht)

Interviewer (lacht): Außer der Tatsache, daß Mrs. Payne Whitney Smith Katatonikerin ist. Stimmt das so?

Gregory: Ja also, wir betrachten sie nicht als Katatonikerin. Wir bezeichnen sie eher als sehr ruhig.

Das Publikum lacht aus dem Off.

Interviewer: Oh, das ist sehr . . .

Ike und Dick sehen aus dem Regieraum ins Studio.

Interviewer (über Monitor): . . . sehr schön. Sie ist ein ganz, ganz wunderbarer Mensch. Und Sie, Gregory, kümmern sich ganz wunderbar um sie.

Mann (off): Ich sagte Position sieben! Laß mich Position sieben sehen!

Ike: Mein Gott, das ist ja furchtbar. Das ist ja wirklich peinlich. So, so total steril. Da ist ja nichts mehr von unserer ursprünglichen Konzeption da.

Dick: Also, das stimmt ja nicht, was du da sagst. Das ist doch kein bißchen steril.

Ike: Also, ich finde, das hat überhaupt nichts . . .

Dick: Das ist doch eine gewagte Sache. Also, wer nicht wagt . . .

Ike: Was ist denn daran so gewagt?

Dick: . . . wer mußte das denn beim Programmdirektor durchboxen?

Ike: Einfach trostlos!

Mann (off): Position drei!

Ike: Was hat denn der Programmdirektor damit zu tun? Das ist einfach trostlos, leer, keinerlei, keine Substanz da.

Paul schaut Ike an.

Paul: Ja, findest du denn das nicht aufschlußreich?

Ike: Schlimmer als nicht aufschlußreich. Es ist einfach nicht komisch. Es gibt nicht einen einzigen berechtigten Lacher in dem ganzen Ding.

Dick zeigt auf einen Monitor.

Dick: Aber das ist doch . . . komisch, sehr, sehr komisch. Wirklich komisch.

Ike: Was ist denn daran komisch?

Paul: Guck dir doch mal das Publikum an!

Ike: Es gibt nicht einen . . .

Dick: Guck, guck mal da ins Publikum!

Stimme des Interviewers über Monitor.

Ike: Du richtest . . . du richtest dich nach den Reaktionen des Publikums? Das sind doch alles Zuschauer, die mit dem Fernsehen groß geworden sind. Die Ansprüche von denen sind doch im Laufe der Jahre systematisch heruntergeschraubt worden. Mensch, diese Typen sitzen doch vor ihren Kästen und die Gamma-Strahlen fressen die letzten grauen Zellen aus ihren Hirnen. Also ich, ich, äh, ich kündige!

Ike steht auf und nimmt seine Jacke vom Stuhl.

Dick: Okay! Jetzt entspann dich mal. Nimm ein Librium, komm, nimm eins!

Ike: Nein, nein, nein, nein, nein. Ich hör auf. Ich kann sowas nicht mehr schreiben. Ich kann nicht ... Ich will kein Librium.

Publikumsgelächter über Monitor. Ike zieht sich seine Jacke an.

Ike: Alles was ihr könnt, ist . . . Pillen einpfeifen, Librium und Captagon und Koks. Kein Wunder, daß ihr das komisch findet.

Dick: Nun beruhig dich erst mal.

Ike: So ist natürlich alles, wenn ihr, wenn . . . ihr, ihr solltet aus der Show aussteigen und eine Apotheke aufmachen.

Dick: Paß mal auf, du . . .

Ike: Ich kündige!

Dick: Ganz ruhig.

Ike: Aus! Vorbei! Ich kündige.

Ike dreht sich um und geht.

Dick: . . . Ike, das ist doch wirklich kindisch.

Interviewer mit Gregory und Caroline. Gregory steht auf und stellt sich hinter Caroline.

Gregory: Schaun Sie mal her! Passen Sie mal auf! Wir haben schon darüber gesprochen. Ich meine, ich denke . . .

Gregory legt seine Arme um Carolines Kopf und Hals

Interviewer: Ja, aber nicht . . . brechen Sie ihr nicht den Hals! Ja, gut.

Gregory: Nein, ich paß schon auf. (Gregory läßt ihren Hals knacken) So ists gut.

Innen. Rizzolis Buchhandlung. Tag.

Ike lehnt an einem Regal. Das Geschäft ist ziemlich voll.

Ike: Pfff, was hab ich da nur gemacht? Ich glaub, es war ein schrecklicher Fehler.

Yale kommt mit einem Buch.

Yale: Jetzt hör doch mal auf damit. Das war der erste gute Entschluß deines Lebens.

Ike: Nein, ich hab mich nur selbst total angeschissen. Weißt du, für dreißig Sekunden, da war ich der große Held. Aber jetzt ... kann ich nur noch stempeln gehen.

Yale: Wenn du irgendwie Geld brauchst, ich leih dir was.

Ike: Das ist doch gar nicht der Punkt. Geld ... was hat denn schon Geld damit ...? Ich hab genug für ein Jahr. Und wenn ich, wenn ich wie Mahatma Ghandi lebe, gehts mir bestens. Mein Steuerberater sagt, daß ich mir einen sehr schlechten Augenblick ausgesucht habe. Meine Aktien sind ganz unten. Ich, äh, ich werfe nichts ab oder so was, ich bin nicht liquide. Ich bin nicht flüssig oder irgend was läuft nicht. Ich weiß das. Die Typen haben da so ne ganz eigene Sprache.

Yale schaut Ike an. Beide gehen durch den Laden.

Yale: Ja, darüber haben wir ja schon mal gesprochen. Es ist einfach schwer, in dieser Stadt ohne großes Einkommen zu leben.

Ike: Ja, und außerdem muß ich noch Unterhalt für zwei Frauen und das Kind aufbringen und ... also ich muß mich jetzt einfach einschränken. Ich werd meine Wohnung aufgeben müssen. Die Tennisstunden kann ich auch vergessen. Ich, äh, darf nicht mehr so oft essen gehen und das Haus in Southampton kann ich gleich abschreiben.

Yale (seufzt): Oh.

Ike: Ja, und außerdem werd ich natürlich meinen Eltern nicht mehr so viel geben können. Das wird meinen Vater umbringen. Er wird in der Synagoge einen schlechteren Platz kriegen.

Yale (seufzt)

Ike: Dies Jahr wird er hinten sitzen müssen, weit weg von Gott, weit weg von allem, was passiert.

Yale (kichert): Und was ist mit Tracey? Hast du ihr schon was gesagt?

Ike: Aber was soll ich ... ich muß unbedingt aus dieser Sache heraus. Sie ist ... sie ist ja noch so jung. Was mach ich ... wenn ich ... also weißt du, es ist einfach lächerlich. Ich meine, ich ... und außerdem, was passiert, wenn dieses Jahr, äh, mein Buch nicht rauskommt?

Yale: Also dein Buch kommt bestimmt heraus. Dein Buch wird fabelhaft. Ich meine, das Schlimmste, was dir überhaupt passieren kann, ist, daß du was über dich lernst, oder? Mensch, wirklich, ich bin richtig stolz auf dich.

Yale legt den Arm um Ike.

Yale: Ich find, du hast dich richtig entschieden.

Außen. Museum of Modern Art / Skulpturen Garten. Nacht.

Bella Abzug steht in einer Menschenmenge.

Bella Abzug (in ein Mikrophon): Das ist ein wunderbarer Aufmarsch ... und das Museum of Modern Art war sehr großzügig. Und der beste Beweis für die ... Stärke des Verfassungsartikels über gleiche Rechte ist, daß so viele von Ihnen heute mit einem schwarzen Schlips erschienen sind.

Die Menge applaudiert und lacht.

Bella Abzug (ins Mikrophon): Dank, ihr Lieben ... Wir brauchen euch und ihr seid da. Aber genug geredet, genießen Sie den Abend!

Die Menge applaudiert. Gemurmel. Ike geht hinüber zu Jerry, Mary, Dennis, Helen. Er schüttelt Jerrys Hand.

Jerry (off): Grüß dich, Ike.

Ike: He, was machst du denn hier? Ich gratuliere dir zu deinem Buch. Ich fands toll.

Jerry: Oh, danke.

Ike: Wirklich, ganz toll.

Jerry: Danke, danke.

Ike: Ich freu mich wirklich, dich zu sehen.

Jerry wendet sich an Helen, Dennis und Mary.

Jerry: He Leute, hört mal her, ich will euch meinen Freund Isaac Davis vorstellen.

Ike: Hallo.

Helen: Grüß dich, wie gehts?

Helen und Ike schütteln sich die Hände.

Mary (zu sich): Isaac Davis?

Helen: Hallo, Isaac.

Ike: Isaac Davis, Tag.

Mary: Hallo, Isaac. Ach, was ... (kichert)

Ike wendet sich Mary zu und gibt ihr die Hand.

Ike: Hallo, was machen Sie denn hier?

Mary: Tja, äh, ich bin hier, natürlich bin ich hier. Was ist denn daran so komisch?

Ike: Wirklich ein seltsamer Zuf ... (zu Dennis) oh, Entschuldigung, Isaac Davis.

Ike und Dennis geben sich die Hand.

Dennis: Hallo.

Ike: Ja, wie gehts denn? Wir haben uns doch schon mal getroffen. Haben wir doch.

Mary: Sicher.

Jerry: Kennst du sie?

Ike schaut Jerry an.

Ike: Ja, wir kennen uns.

Mary: Wirklich lustig.

Jerry: Bitte?

Mary: Ach nichts (lacht).

Ike: Nein nichts, schon in Ordnung.

Jerry: Sag mal, ich hab gehört, du hast gekündigt?

Ike: Ich, ja, äh, in einem echten Anfall von Selbstzerstörung.

Jerry lacht. Polly tritt hinzu.

Ike: Weißt du, ich will ein Buch schreiben und deshalb, deshalb ... (seufzt) Habt ihr schon gelesen, die Nazis wollen in New Jersey einen Umzug veranstalten?

Helen und Polly schütteln den Kopf.

Ike: Ich habs in der Zeitung gelesen. Wir sollten da hingehen, mit ein paar Leuten und Ziegelsteinen und Baseballschlägern und ihnen mal so richtig alles erklären.

Ike schüttelt seine geballte Faust.

Jerry: Darüber war neulich mal ein ätzend satirischer Artikel in der »Times«. Echt vernichtend.

Ike: Also ein satirischer Artikel ist natürlich gut, aber Ziegelsteine und Baseballschläger treffen die Sache besser.

Helen: Ja, aber eine beißende Satire ist doch immer besser als physische Gewalt.

Ike schaut Helen an.

Ike: Aber richtig physische Gewalt kommt doch bei den Nazis viel besser an, weil man jemand nur schwerlich mit einer Satire überzeugen kann, der gewichste Stiefel anhat.

Helen: Oh, da reagieren Sie emotional, ich weiß, aber ...

Dennis schaut Ike an.

Dennis: Entschuldigung, darf ich dich mal stören?

Ike: Na klar, schon gut.

Dennis: Wir haben uns gerade über Orgasmen unterhalten.

Mary zuckt zusammen.

Mary: Also nein, bitte nicht! Nein!

Ike: Was denn, tut mir leid. Ich wollte nicht ...
Dennis: Ehrlich?
Mary: Laß das bitte, Dennis!
Dennis: Ja also, wir haben ...
Mary: Nein, ich komme aus Philadelphia. Wir sprechen über so was nicht in der Öffentlichkeit.
Ike (kichert): Ja, neulich haben Sie auch gesagt ...
Dennis: Ich, äh ...
Mary (kichert)
Ike: Schon da hab ich überhaupt nicht verstanden, was das sollte.

Dennis geht auf Ike zu.

Dennis: Ich werd demnächst einen Film machen.
Ike: Aha.
Dennis: Das Drehbuch hab ich selbst geschrieben, und es geht um Folgendes: Ein Typ fickt so gut ...
Ike: Fickt so gut?
Dennis: Fickt so gut, daß jedesmal wenn er eine Frau zum Orgasmus bringt, sie so fertig ist, daß sie stirbt, klar? Jetzt meint sie hier aber ... (schaut Mary an), Entschuldigung, (zur Gruppe gewandt) das sei gehässig.
Mary: Sie hier? Gehässig? Gott, das ist mehr als gehässig. Es ist mörderische Menschenverachtung.
Dennis: Erlaube ...
Ike: Sie stirbt?
Mary (zu Ike, lacht nervös): Sie, Sie, Sie müssen mit Dennis nachsichtig sein.
Dennis: Vielleicht will er nicht.
Mary: Er ist von Harvard gleich nach Beverly Hills gegangen.
Ike: Ach, da kommst du her?

Dennis (nickt): Ja.

Mary: Das ist wie Theodor Reik mit ein bißchen Charles Manson.

Dennis: Genau.

Polly: Ich, äh, (sieht Ike an) ich hatte endlich mal einen Orgasmus, und da sagte mir der Arzt, es sei einer von der falschen Sorte.

Ike: Ach. Sie hatten einen von der falschen Sorte? Wirklich? Ich hatte nie einen falschen . . .

Polly: Na ja, ich dachte . . .

Ike: Nie, niemals. Sogar der schlechteste war nicht von Pappe.

Polly: Ach, wirklich?

Außen. Straße. Nacht.

Ike steigt aus einem Taxi, schaut zurück ins Auto zu Dennis und den anderen, während Mary aussteigt.

Ike: Also, Tschüs! War schön, euch zu treffen.

Dennis: Gleichfalls.

Mary: Tschau, tschau!

Dennis: Tschau!

Ike: Tschau.

Dennis: Also, tschau!

Helen: Bis dann!

Das Taxi fährt ab. Ike und Mary überqueren die Straße und gehen weiter.

Ike: Ihre, Ihre Freunde sind wirklich, äh, sehr interessante Leute.

Mary: Hmh. Ich weiß.

Ike: Könnten direkt einem Fellini-Film entsprungen sein.

Mary: Die sind irre witzig. Tolle Leute, und Helen ist eine echte Freundin. Sie ist eine brillante Frau, wissen Sie.
Ike: Hm. Verstehe.
Mary: Sie ist ein echtes Genie.
Ike: Mhm.
Mary: Ich hab sie durch Jeremiah kennengelernt, meinen Ex-Mann.
Ike: Ja, wieso habt ihr euch überhaupt scheiden lassen? Also ich meine, das ist etwas, was ich nie ...
Mary: Ich versteh Sie nicht.
Ike: Tja.
Mary: Was soll denn das heißen, »wieso habt ihr euch scheiden lassen«, hä?
Ike: Ja also ...
Mary: Was ist denn das für eine Frage? Ich kenn Sie ja kaum.
Ike: Sie müssen sie ja nicht beantworten, wenn Sie nicht ... Ich bin einfach neugierig, wissen Sie.
Mary: Na ja, ich ... wir hatten einfach n Haufen Probleme. Wir haben uns oft gestritten und ich, ich konnte meine Identität nicht länger einem so brillanten, dominierenden Mann unterordnen.
Ike: Mhm.
Mary: Er ist nämlich ein Genie.
Ike: Okay. Er ist ein Genie, Helen ist ein Genie und Dennis ist ein Genie. Sie kennen ja jede Menge Genies. Sie sollten öfter mal ein paar richtige Idioten kennenlernen. Vielleicht könnten Sie da mal was lernen.
Mary: Also gut, dann erzählen Sie mir doch mal, warum Sie geschieden sind?

Ike: Warum?

Mary: Ja, warum.

Ike: Ich bin geschieden, weil meine Ex-Frau mich wegen einer anderen Frau verlassen hat. Klar?

Mary: Echt?

Ike nickt.

Ike: Mhm.

Mary: O Gott, das muß ja echt demoralisierend gewesen sein.

Ike zuckt die Achseln.

Ike: Ich weiß nicht. Ich glaube, ich habs ganz gut verkraftet unter diesen Umständen.

Mary: Junge, Junge!

Ike: Ich hab versucht, die beiden mit dem Auto zu überfahren.

Mary: Kann ich mir vorstellen. Das muß ja eine unglaubliche sexuelle Erniedrigung gewesen sein. Das reicht ja, um einem alle Frauen zu verleiden.

Ike: Na ja ...

Mary: Darum also die Kleine.

Ike: He, die Kleine ist absolut in Ordnung, Herrgott nochmal, die ist, was ist, was soll denn mit der Kleinen sein?

Mary: Na ja, ich versteh das ja wirklich, glauben Sie mir. Sie ist sechzehn Jahre alt, das heißt, keinerlei ernsthafte Bedrohung.

Ein Auto hupt.

Ike: Sie ist siebzehn, wird bald acht ... Also wissen Sie, manchmal lassen Sie schon schwer nach, Mary.

Mary: Nein, ich bin nur ehrlich. Was erwarten Sie denn? Ich sag wenigstens, was ich denke. Und wenn Sie das nicht ertragen können, dann, dann verpissen Sie sich doch!

Ike: Mir gefällt auch die Art, wie Sie sich ausdrükken.

Mary (lacht)

Ike: Kernig und doch dekadent, verstehen Sie? Werden Sie eigentlich oft eingeladen? Kann ich mir kaum vorstellen.

Mary: Doch. Ja. Um die Wahrheit zu sagen ... in letzter Zeit ja. Also Sie werdens kaum glauben, aber ich hab immer gedacht, ich wäre nicht hübsch. Na ja, was heißt das überhaupt schon, hübsch? Ich meine, ich kann es nicht ausstehen, hübsch zu sein. Ist doch sowieso alles ganz subjektiv.

Ike: Oh ja?

Mary: Ich meine, die intelligentesten Männer fallen

tot um, wenn sie nur ein schönes Gesicht sehen. Wenn man dann mit ihnen in die Falle steigt und nur n ganz bißchen nett ist, sind sie schon unheimlich dankbar.

Ike: Ja, ich weiß, ich bin . . .

Mary: Hmh.

Ike: . . . wissen Sie.

Mary: Haben Sie irgendwelche Kinder oder so was ähnliches?

Ike: Ich, ja, ich hab ein Kind, das . . .

Mary: Echt?

Ike: . . . im Moment von zwei Frauen erzogen wird.

Mary: Na ja, wissen Sie, ich meine, ich glaube, das schadet schon nichts. Äh, da gibt es so Untersuchungen, hab ich in einer dieser psychoanalytischen Zeitschriften gelesen. Man braucht keine männliche Bezugsperson. Ich meine, zwei Mütter sind absolut in Ordnung, sind echt in Ordnung.

Ike: Wirklich? Ich hab immer geglaubt, die meisten Menschen können nicht mal eine Mutter überstehen.

Mary: Hm. Passen Sie auf, ich muß jetzt meinen Hund holen. Äh, wollen Sie warten? Ich muß jetzt Gassi mit ihm. Haben . . . Haben Sies eilig oder was?

Ike: Oh, nein, nein, nichts dergleichen. Was fürn Hund haben Sie denn?

Mary: Den schlimmsten.

Ike: Wirklich?

Mary: Einen Dachshund.

Ike: Ach, wirklich?

Beide bleiben stehen. Ike kratzt sich am Kinn und zieht eine Augenbraue hoch.

Mary: Ja wissen Sie, also ich meine, er ist so ne Art Penisersatz für mich.

Ike: In Ihrem Fall hätte ich eher auf eine große dänische Dogge getippt.

Mary: Echt? Oh. (lacht)

Außen. Straße in der Nähe von Marys Apartment. Nacht.

Ike und Mary, den Hund an der Leine, gehen zur Ecke und überqueren die Straße.

Innen. Imbißrestaurant. Nacht.

Ein Angestellter hinter der Theke legt zwei Hamburger in eine Tüte. Mary (off) lacht.

Ike (off): Also, ist es Ihnen Ernst mit Yale oder so?

Mary (off): Ernst?

Ike (off): Mmh.

Mary und Ike stehen hinter dem Tresen. Mary hält den Hund. Ike nickt. Mary zuckt die Schultern.

Mary (kichert): Hm. Ja, also wissen Sie, er ist eben verheiratet. Tja . . .

Ike zuckt die Schultern

Ike: Mmh. Ja und?

Mary: Ich weiß nicht. Ich glaube ich . . . (seufzt), ich glaube ich sollte mal n bißchen Ordnung in mein Leben bringen, hä? Na ja, das heißt, Donny, mein Psychoanalytiker sagt mir immer . . .

Ike: Sie nennen Ihren Psychoanalytiker Donny?

Mary (lacht): Ja, ich nenn ihn Donny.

Ike: Ihren Psychoanalytiker nennen Sie Donny?

Mary: Ja.

Ike: Ich nenn meinen Doktor Chomsky, wissen Sie.

Mary: Ach so.

Ike hebt den Arm hoch und runter, als ob er jemand mit einem Lineal schlagen würde.

Ike: Ja, sonst, ich, schlägt er mich mit dem Lineal.

Mary lacht.

Ike: Donny? . . . Das ist . . . der Vorname.

Mary: Egal. Jedenfalls sagt mir Donny, daß ich mich immer absichtlich in solche Situationen begebe. Ja, also, ganz be- be- sonders, bei meinem Ex-Mann Jeremiah. Ich meine, wissen Sie, ich, ich war seine Studentin und, ähm . . .

Ike: Wirklich. Sie haben Ihren, Ihren, Ihren Lehrer geheiratet?

Mary: Ja, ja, natürlich meine ich . . .

Ike: Das ist ziemlich, ziemlich, uh . . .

Mary: Okay, jetzt hören Sie sich das mal an: Er ließ mich durchsausen und ich hab mich in ihn verknallt. Das ist perfekt. Oder?

Ike: Also das ist perfekt, ja, das ist ja, das ist, ja.

Mary: Ich weiß, also ich hab mit ihm geschlafen und er wagte es, mir ne Sechs zu geben. So.

Ike: Wirklich?

Mary: Ja. Wirklich.

Ike: Kein Witz? Nicht mal mangelhaft also? Ne glatte Sechs? (seufzt)

Mary (lacht): Wissen Sie, Sie haben echt Humor. Wirklich gut.

Ike: Herzlichen Dank. Aber, das weiß ich, das brauchen Sie mir nicht zu sagen.

Mary lacht.

Ike: Ich, ja, nein, ich kann nämlich seit ein paar Jahren ganz gut davon leben.

Mary: Oh.

Ike: ... bis ich jetzt meinen Job geschmissen hab, um dieses Buch zu schreiben. Und jetzt bin ich sehr, sehr beunruhigt deswegen, wissen Sie.

Ike greift in seine Tasche.

Mary: Aha. Oh.

Angestellter legt die Tüte auf die Theke

Ike: Aber, wissen Sie, ich ...

Mary: Passen Sie auf, wollen Sie ...? Oh, das sollen Sie doch nicht bezahlen, wirklich!

Ike bezahlt

Ike: Das geht in Ordnung.

Mary: Nein, nein, das mein ich im Ernst. Hätten Sie Lust, am Fluß spazieren zu gehen? Wir können ...

Ike: Wissen Sie, wie spät es jetzt ist?

Mary: Wieso, was soll das heißen, wie spät es ist?

Ike: Also wenn ich nicht mindestens meine sechzehn Stunden Schlaf bekomme, bin ich ... im Eimer.

Ike nimmt die Tüte.

Mary (seufzt): Oh. Also, ich würde gerne was über Ihr Buch wissen. Ich, ich, und ich bin, würde ich wirklich gerne, verstehen Sie. Ich bin nämlich eine ziemlich gute Lektorin.

Ike: Ja?

Mary (nickt): Hmh.

Ike: Ja also. Mein Buch handelt vom Verfall der Werte.

Mary und Ike gehen.

Ike (off): Es handelt von ... Ja sehen Sie, die Sache

ist die, vor Jahren hab ich mal eine Kurzgeschichte über meine Mutter geschrieben mit dem Titel »Die kastrierende Zionistin«. Und, äh, das will ich jetzt zu einem Roman ausweiten.

Mary (off): Das ist gut.

Ike (off): Also wissen Sie, ich könnte die ganze Nacht von meinem Buch erzählen.

Außen. Brücke. Morgengrauen.

Mary und Ike sitzen mit dem Rücken zur Kamera auf einer Bank und betrachten die Brücke. Der Hund liegt zu ihren Füßen.

Mary: Ist es nicht wundervoll, Ike?

Ike: Ja es ist wirklich, wirklich schön, wenn der Tag anbricht.

Mary: Ja, ich weiß, das liebe ich so.

Ike: Wahnsinn!

Mary: Hm.

Ike (seufzt): Das ist wirklich eine tolle Stadt. Ganz gleich, was die Leute darüber sagen. Sie ist einfach ein . . . ein echter Hammer, wissen Sie. Sie ist . . .

Mary (seufzt): Ja. Ich glaube, ich muß jetzt nach Hause. Ich hab mich nämlich mit Yale zum Lunch verabredet. (seufzt)

Ike (seufzt): Hmh.

Beide stehen auf und gehen.

Innen. Yales Schlafzimmer. Morgen.

Yale liegt im Bett, stützt sich auf seinen Ellbogen, hält den Telefonhörer ans Ohr. Er greift nach seiner Armbanduhr auf dem Nachttisch, guckt nach der Uhrzeit, legt die Uhr zurück.

Yale (ins Telefon): Ach, hallo (hustet). Nein, nein, nein, ich bin schon wach. Herrgott, was machst du . . . was machst du denn so früh? Es ist viertel nach sieben. Ach, ja. Wirklich? Du hast . . . im Museum. Ja, sie ist, äh, in der Frauenbewegung sehr aktiv.

Emily kommt herein, geht ums Bett.

Yale (ins Telefon): Aha, dann, dann gehst du also mit Tracey auf Wohnungssuche?

Emily nimmt sich eine Zeitung, geht wieder ums Bett.

Yale (ins Telefon): Na, weißt du, du wirst bestimmt etwas finden. (Yale sieht Emily an, zu Emily) Es ist

Isaac. (ins Telefon) Klar. Da seh ich gar keine Schwierigkeiten.

Emily geht hinaus.

Yale: Ja also, ich wußte, daß du ... ich wußte, daß du ... (seufzt) Sie ist eine wunderbare Frau, wenn du sie erst mal kennst, weißt du.

Außen. Telefonzellen. Morgen.

Ike steht in einer der Zellen am Telefon.

Ike (ins Telefon): Und ... Und es hat ... es hat sich noch nichts zwischen euch geändert? Bist du immer noch so scharf auf sie? Weil, du hasts in letzter Zeit nicht mehr erwähnt. Also du ... ja, mhm ... pfff.

Ike hält den Hörer weg vom Ohr, schneidet Grimassen, schüttelt wissend den Kopf. Er hält den Hörer wieder ans Ohr und nickt bestätigend.

Ike: Ja. Mm-hm. Stimmt. Nein, ich weiß. Sie ist toll. Ich weiß, toll. Ja also, äh ... nein. Ich muß heute auf Wohnungssuche, weil ich was Billigeres finden muß. Ich kann nicht länger, weißt du, ja, da wohnen bleiben (seufzt) es ist einfach zu ... pfff.

Innen. Bloomingdales Kaufhaus. Tag.

Menschen auf den Rolltreppen fahren rauf und runter. Mary und Yale am Kosmetikstand. Mary gibt der Verkäuferin ein Eau de Cologne. Nimmt ihre Brieftasche aus der Jackentasche, öffnet sie und nimmt ihre Kreditkarte heraus.

Yale: Isaac ist toll, nicht?

Mary: Mmh. Ja.

Yale: Er war begeistert von dir.

Mary: Ach, wirklich?

Yale: Mm-hm.

Mary gibt der Verkäuferin eine Kreditkarte.

Mary: Das ist gut. Es ist komisch, weil ich immer das Gefühl hab, er fühlt sich in meiner Gegenwart nicht wohl.

Yale: Ach, hör doch auf!

Verkäuferin entfernt sich. Mary steckt ihre Brieftasche weg. Yale hält ihre Hand.

Yale (lächelt): Du hast mir so gefehlt.

Mary: Ach, Yale.

Yale: Es ist einfach schrecklich.

Mary: Das ist . . . das ist doch lächerlich. Es ist . . . du bist verheiratet. Ich kann nicht . . . Hör mal, ich rede schon fast wie diese Frauen. Ich, es klingt schrecklich, ich kann das nicht ausstehen.

Yale: Paß auf, ich könnte doch einfach ausziehen.

Mary: Nein! Oh nein, tu das nicht. Ich will nicht, daß du das tust. Ich bin, ich will jetzt keine Ehe kaputt machen. Außerdem bin ich wirklich . . . ich will jetzt wirklich nicht so ne starke Beziehung. Es ist nur, ich will nicht (seufzt) . . . es ist verrückt, einfach verrückt. Ich denke immer nur an dich, wenn du nicht da bist (seufzt).

Yale lächelt

Yale: Ja aber . . . was, was erwartest du jetzt von mir?

Mary: Nichts. Ich weiß auch nicht. Ich weiß es wirklich nicht. Ich will einfach . . . ich glaube, ich sollte lieber mit jemand zusammen sein, der nicht verheiratet ist.

Yale fängt an Mary zu küssen.

Yale: Gott, du bist so schön!

Mary: Ach, Yale, hör auf damit!

Yale: Du machst mich ganz verruckt.

Mary: Hör jetzt bitte auf! Wir sind hier mitten im Bloomingdale.

Yale lacht.

Mary: Irgend jemand wird uns sehn. Oh, hab ich dir schon erzählt! Ich bekomme wahrscheinlich ein Interview mit Borges. Ich – ich – ich – hab dir doch erzählt, daß ich ihn mal kennengelernt habe, als er hier war. Er scheint sich sehr wohl zu fühlen in meiner Gegenwart.

Yale: Laß uns irgendwo hingehen, wo wir uns lieben können.

Mary: Was soll denn das? (lacht) Doch nicht jetzt!

Verkäuferin kommt zu Mary, gibt ihr den Warenabschnitt und einen Kugelschreiber. Mary unterschreibt. Yale lacht.

Mary: Um Gottes Willen, doch nicht jetzt! Du hast doch, außerdem hast du doch deine Vorlesung in einer Stunde. Deine Studenten würden es dir sofort ansehen. Du hättest dieses, dieses breite Grinsen auf dem Gesicht.

Mary gibt der Verkäuferin Abschnitt und Kugelschreiber zurück.

Yale: Aber zu dir will ich nicht gehen, weil ich deinen Hund nicht leiden kann.

Mary seufzt.

Mary: Oh, pst! Kannst du denn nicht ...?

Mary bedeutet Yale, still zu sein.

Yale: ... und andauernd klingelt das Telefon!

Die Verkäuferin gibt Mary ein Paket. Mary geht um Yale herum. Er legt den Arm um sie. Beide gehen durch das volle Kaufhaus.

Mary (zur Verkäuferin): Danke. (zu Yale) Kannst du mich nicht einfach im Arm halten? Muß sich deine Liebe zu mir immer sexuell ausdrücken? Wie wärs denn mal mit anderen Werten wie Wärme und geistiger Verwandtschaft? Ein Hotel, stimmts? Mein Gott, ich war schon immer (lacht) leicht rumzukriegen.

Innen. Jills Wohnung. Tag.

Connie öffnet die Wohnungstür

Connie: Oh, grüß dich, Isaac!

Ike: Grüß dich, ist Willie soweit?

Connie (tritt beiseite): Komm rein!

Ike geht in die Wohnung, schließt die Tür hinter sich und folgt Connie ins Wohnzimmer.

Jill (off): Er kommt gleich.

Connie (off): Wie gehts denn so, Ike?

Ike: Gut, und dir?

Connie (off): Fabelhaft.

Ike: Ja?

Connie (off): Ja. Ich hab viel zu tun. Alles läuft prima.

Jill kommt herein.

Jill: Willst du Kaffee oder so was?

Ike: Oh, nein. Ja, also wie gehts denn Willie?

Jill räumt den Tisch ab. Connie hilft Jill.

Jill: Willie gehts gut. Er fängt an, beim Malen Talent zu entwickeln.

Ike: Ja, wo ... woher hat er denn das? Weil, du kannst doch nicht zeichnen, und ich kann auch nicht zeichnen.

Connie: Ich kann zeichnen.

Ike: Klar. Aber du kannst unmöglich der leibliche Vater sein.

Jill verschließt die Tür.

Jill: Ich hoffe, du nimmst Willie am Wochenende vom 16., weil Connie und ich nämlich nach Barbados wollen.

Jill geht zu Connie ins Eßzimmer. Ike schaut auf.

Ike: Okay. Ich möcht dich mal was fragen. Willst du immer noch dieses blöde Buch schreiben? Ich meine, ist es dir Ernst damit?

Jill (off): Ja, es ist mir sehr Ernst damit. Es wird ein ehrliches Buch, und es gibt nichts, worüber du dich schämen müßtest.

Connie (off): Entschuldigung!

Jill und Connie tragen Geschirr hinaus. Ike folgt ihnen.

Ike: Kann, kann ich dich mal für eine Minute sprechen? (zu Connie) Würdest du mich mal eine Minute entschuldigen.

Connie geht nach oben. Jill geht in die Küche

Ike (zu Jill): Ich möcht dich mal was fragen. Was ich immer noch nicht verstehe ...

Jill kommt aus der Küche. Ike steht in der Tür. Jill räumt den Tisch ab. Ike folgt ihr.

Jill: Ich bin in Eile.

Ike: Was soll ... was machst ... wohin rennst du schon wieder? Jedesmal, wenn ich hierherkomme, frage ich mich, wie du sie mir vorziehen kannst. Ich meine ...

Jill: Das verstehst du nicht?

Ike: Nein, nein, das ist mir wirklich ein Rätsel.

Jill: Du hast meine Vergangenheit gekannt, als wir geheiratet haben.

Jill trägt Tischdeckchen, Butter und Marmelade in die Küche. Ike folgt ihr. Sie kommt wieder aus der Küche.

Ike: Ja, ich weiß, mein Psychoanalytiker hatte mich gewarnt, aber du warst so schön, daß ich, daß ich lieber einen anderen Psychoanalytiker genommen habe.

Jill: Pfff (seufzt). Glaubst du, daß wir jemals einfach nur Freunde werden können?

Ike: Du wirst alle Einzelheiten in dem Buch beschreiben, stimmts? Du wirst ...

Jill: Nein, ich werde nicht näher auf die Geschichte eingehen, als du versucht hast, sie mit dem Auto zu überfahren.

Ike: Was . . . ich hab versucht . . . ich hab versucht, sie mit dem Auto zu überfahren? Wovon sprichst du eigentlich?

Jill: Genau das hab ich gesagt.

Ike: Es war spät in der Nacht. Ich . . . außerdem weißt du, daß ich nicht gut fahren kann.

Jill geht zum Wandschrank. Ike folgt ihr.

Ike: Es hat geregnet. Es war . . . es war dunkel.

Jill nimmt eine Matte aus dem Wandschrank und schaut Ike an, während sie sie ausschüttelt.

Jill: Warum hast du überhaupt da draußen bei der Hütte herumgeschnüffelt?

Jill geht an Ike vorbei aus dem Zimmer.

Ike: Ich hab euch hinterherspioniert, weil ich wußte, was ihr beiden da drinnen treibt.

Jill (off): Offensichtlich.

Ike: Du hattest . . . du hattest dich frisch verliebt.

Jill kommt zurück, geht an Ike vorüber zum Wandschrank und holt drei Kerzenhalter heraus. Sie trägt sie zum Tisch, Ike folgt ihr. Sie setzt sich in einen Sessel und stellt die Kerzenhalter auf den Tisch.

Jill (seufzt): Das war für dich ein Grund, (seufzt) sie mit dem Auto zu überfahren?

Ike: Seh ich aus wie einer, der andere Menschen mit dem Auto überfährt?

Jill (seufzt)

Ike: Du weißt doch, wie langsam ich gefahren bin?

Jill: Jedenfalls nicht langsam genug, um nicht die ganze Veranda zu Schrott zu fahren.

Ike zeigt über seine Schulter

Ike: Bring das Kind! Ich kann nicht ... Bring das Kind! Weil ... ich kann nicht jedesmal, wenn ich herkomme, mit dir wieder diese Auseinandersetzung führen.

Außen. Vor Jills Apartment. Tag.

Willie, gefolgt von Ike, trägt einen Basketball. Beide kommen nach draußen. Ike schließt die Tür hinter sich. Ike und Willie rennen dem Ball über den Bürgersteig nach.

Außen/Innen. Spielwarengeschäft. Tag.

Durch ein Fenster sieht man Ike und Willie draußen stehen und Spielzeugsegelboote betrachten. Willie zeigt auf ein großes Boot. Man sieht nur die Mundbewegungen der beiden.

Willie: Guck mal, das da!

Ike (schüttelt den Kopf): Nein.

Willie zeigt nochmal auf das große Boot.

Willie: Das da will ich!

Ike zeigt auf ein kleineres Boot und sagt etwas Unverständliches.

Willie zeigt auf das große Boot.

Willie: Nein, das da will ich!

Ike zeigt auf das kleinere Boot.

Ike: Nein, ich hab gesagt, das da!

Willie zeigt auf das große Boot.

Willie: Nein, das da will ich!

Ike zeigt auf das kleinere Boot, schlägt dann Willie auf den Kopf und zeigt wieder auf das kleinere Boot.

Ike: . . . das da . . .

Willie zeigt auf das große Boot

Willie: Ich will das da!

Willie dreht sich um und geht. Ike greift in seine Hosentasche und holt Geld heraus. Er schaut auf das große Boot und geht in das Geschäft.

Innen. Russian Tearoom. Tag.

Willie und Ike stehen in einer Schlange mit zwei Fotomodellen und einer dritten Frau und warten darauf, vom Kellner in dem überfüllten Lokal einen Platz angewiesen zu bekommen. Der Kellner leiht Ike ein Jackett. Ike zieht es an.

Ike (zu Willie): Das ist echt blöd, stimmts?

Willie: Du siehst komisch aus mit der Jacke.

Ike: Ich weiß. Ich weiß. Ich hatte gehofft, daß man mir was in Gabardine reicht, aber . . . ganz schön verrückt, was?

Ike legt seine Hände auf Willies Schultern.

Ike: Sag mal, fehl ich dir?

Willie: Ja, fehl ich dir auch?

Ike: Natürlich fehlst du mir . . . Ich hab dich doch lieb. Darum, verstehst du, darum hol ich dich doch immer wieder ab.

Fotomodell (zum Kellner): Ja, gut.

Der Kellner nimmt zwei Speisekarten und geleitet die beiden Fotomodelle zum Tisch.

Willie: Warum krieg ich keine Frankfurter Würstchen?

Ike: Weil das hier eine Russische Teestube ist. Also ich meine, willst du, na, du weißt schon, willst du Blinis oder so was? Von Würstchen bekommt man sowieso nur Krebs. Du, sag mal, hast du die beiden Frauen hier eben gesehen? Hier kommen immer sehr schöne Frauen zum Essen her. Weißt du, wir . . . wir wären ein tolles Team. Ich glaube, die beiden hätten wir aufreißen können, wenn du ein bißchen schneller geschaltet hättest. Im Ernst. Ich glaube, die Brünette stand auf dich.

Innen. Marys Apartment. Tag

Mary hebt den Telefonhörer ab.

Mary (seufzt): O je. Ich ruf ihn einfach an. (seufzt)

Sie zögert. Der Hund bellt. Sie wählt, geht hinüber zum Sessel und setzt sich.

Mary: Hallo, Yale? Ähm, tut mir leid, daß ich anrufe, aber . . . Nein, nein, alles, alles in Ordnung.

Sie steckt sich eine Zigarette in den Mund.

Mary: Ich hab, ja, ich weiß nicht. Ich hab grad überlegt, weißt du.

Sie zündet sich ein Streichholz an.

Mary: Heute ist doch Sonntag, weißt du, und ich (seufzt), und ich hatte gedacht, ob du vielleicht wegkannst. Wir könnten spazieren gehen oder . . .

Sie zündet sich die Zigarette an und raucht.

Mary: . . . mm, mm-hm, mm-hm (inhaliert) Ah ja, natürlich, ja, du hast davon gesprochen. Das, ähm (seufzt), ja ähm, also war ja nur mal n Versuch. Ja.

Pfff. Ja. Also, ich will dich nicht länger aufhalten. Okay (schluckt) Tschau.

Sie steht auf und hängt den Telefonhörer ein.

Innen. Ikes Apartment/Garten. Tag.

Ike sitzt auf einem Stuhl und liest die Zeitung. Das Telefon neben ihm klingelt. Er hebt den Hörer ab.

Ike: Hallo? Oh, grüße Sie. Hallo, wie gehts denn? Nein, nein, überhaupt nicht. Ich hab ... ich hab grad so rumgesessen und die, äh, die Wochenend-Beilage durchgeguckt. Oh, nein, nein, nein (gluckst) nein, nein, ich ... ich, ich war, äh, ich hab den, äh, den Aufsatz über Chinas gesichtslose Massen nicht gelesen. Ich hab, ich hab mir die Anzeigen für Damenunterwäsche angeguckt. Ja, da bleib ich jedesmal hängen. Die sind wirklich erotisch.

Innen. Marys Apartment. Tag.

Mary steht in der Tür, den Telefonhörer zwischen Schulter und Kinn geklemmt, während sie das Telefon hält und nach draußen sieht.

Mary: Hätten Sie Lust, n bißchen spazieren zu gehen? Ja, also, ich weiß auch nicht. Ich meine, ich muß einfach raus. Ich werd noch irre, verrückt hier. Und Yale ist bei Emilys Eltern. Eh, es ist ein so schöner Sonntag.

Außen. Central Park. Tag.

Blitz und Donner. Ike und Mary auf einem Weg, während der Sturm losgeht. Sie rennen.

Ike: Los, schnell, die Luft ist voller Elektrizität. Oder wollen Sie in einem Aschenbecher enden?

Mary: Und dabei war es so ein herrlicher Tag.

Donner.

Ike: Ja, herrlich. Guter Gott, ich glaube ich hab gerade das Chrysler-Gebäude explodieren hören.

Sie laufen. Andere Menschen laufen auch. Es beginnt zu regnen.

Mary: Oh, nein! Ich hab so Angst vor Donner.

Ike: Aber, aber.

Mary gibt Ike die Zeitung, die sie in der Hand hält.

Mary: Hier.

Ike: Na ja, also mein Lieblingsgeräusch ist es auch nicht gerade.

Ike und Mary halten sich die Zeitung über den Kopf.

Mary: O Gott, o Gott! Wußten Sie schon, daß jedes Jahr ein oder zwei Menschen im Central Park vom Blitz erschlagen werden?

Ike: Ja, ja. Ich kann ja schon mal vorlaufen und wir diskutieren das während der Woche zu Ende.

Außen. Planetarium. Tag.

Ike und Mary laufen, die Zeitung über dem Kopf, die Treppen zum Eingang des Planetariums hinauf. Eine Aufschrift über der Tür: HAYDEN PLANETARIUM. Sie verschwinden mit anderen im Gebäude.

Innen. Planetarium. Tag.

Ike und Mary kommen triefend naß hinter einem Meteoriten hervor.

Ike: O Gott, o Gott.

Mary (lacht)

Ike: Großer Gott. Ich bin klitschnaß. Ist das schrecklich.

Mary (lacht): Wissen Sie, daß Sie unheimlich lächerlich aussehen?

Ike: Oh. Also, wenn Sie das nächste Mal jemand für n Sonntagsspaziergang brauchen, suchen Sie sich bitte jemand anderen.

Mary (gluckst): He, wissen Sie, daß ich noch nie jemand gesehen habe, der so übertrieben auf ein bißchen Regen reagiert. Auf son bißchen Wasser.

Ike folgt Mary zum Papierkorb. Mary wirft die aufgeweichte Zeitung hinein.

Ike: Das Wasser hat mich ja gar nicht gestört. Sondern die Elektrizität. Ich möchte nicht vom Blitz erschlagen werden. Ich, ich möchte keiner von den armen Kerlen sein, die vor Bloomingdales Comic-Hefte verkaufen.

Sie bleiben vor der Aufnahme eines Spiralnebels stehen.

Mary (seufzt): Was meinen Sie? Seh ich nicht schrecklich aus? Was meinen Sie?

Ike: Lassen Sie mal sehen.

Ike versucht, Mary anzusehen, was ihm aber im Dunkeln schwerfällt.

Mary : Wie – wie seh ich aus?

Ike: Ich kann nichts sehen.

Mary (lacht): Sie sollten Ihr Gesicht sehen.

Mary schaut lachend weg.

Ike: Eigentlich sehen Sie ganz gut aus, irgendwie hübsch.

Ike und Mary verlassen den Raum.

Innen. Planetarium / Mondausstellung. Tag.

Ein riesiger Mond, hinter dem Ike und Mary auftauchen.

Mary (off): Wissen Sie, Yale frustriert mich echt.

Ike (off): Warum?

Mary (off): Eigentlich wollten wir uns heute treffen, aber dann konnte er auf einmal nicht. (on) Wir hatten Karten für das Vivaldi-Konzert gestern abend. Wer hat abgesagt? Er natürlich.

Ike: Na ja, so gehts einem halt, wenn man ...

Mary: Ich weiß, wenn man mit einem verheirateten Mann ne Beziehung hat. Ich laß es mir nicht so miesmachen.

Ike: Wer macht hier was mies, ich oder Sie?

Ike und Mary stehen inmitten einer Mondlandschaft.

Mary: Mein Mann hatte, vielmehr mein Ex-Mann hatte mal ne Beziehung während unserer Ehe. Und ich habe niemals ...

Ike bleibt stehn und schaut Mary an.

Ike: Ach, wirklich?

Mary: Ja, er hatte, zumindest eine, von der ich weiß. Aber ich habe nie etwas gesagt, weil (seufzt) ich das Gefühl hatte, ich hab irgendwie versagt, weil ich schlecht im Bett war, oder nicht intelligent genug, weil ich (seufzt) körperlich nicht anziehend genug war. Aber jetzt will ich Ihnen mal was sagen. Am Ende war er doch nur ein schäbiges Miststück.

Ike: Ja, ich verstehe, ein intellektuelles Miststück.

Mary: O mein Gott, war er brillant. Ich war ganz verrückt nach ihm. Er hat meine Sexualität erst richtig erweckt. Er hat mir alles beigebracht. Auf Frauen wirkte er wie ein Naturereignis.

Der große Saturn mit seinen Ringen. Sie gehen um ihn herum.

Mary (off): Oh, schauen Sie mal, der Saturn. (on) Saturn ist der sechste Planet der Sonne. Wie viele der Saturnmonde kennen Sie? Da, da ist der Mimas, äh, der Titan, die Dione, der Hyperion natürlich und, äh ...

Ike: Nee, ich kenne keinen einzigen, und, und glücklicherweise braucht man sie auch nicht im Gespräch.

Mary (seufzt): Ach, was man so alles gelernt hat. Ich hab ne Million Namen und Daten gespeichert.

Ike: Stimmt! Und nichts ist davon zu gebrauchen, oder? Weil alles wirklich Wissenswerte ja nicht mit dem Verstand erfaßt werden kann ... verstehen Sie? Äh, äh, alles, was wirklich wichtig ist, muß durch andere Öffnungen in Sie eindringen, wenn Sie den abstoßenden Vergleich entschuldigen.

Mary: Ich bin vollkommen anderer Meinung. Ich meine, wo wären wir ohne das rationale Denken? Wo, hä?

Ike: Nein, nein, Sie-Sie Sie-Sie verlassen sich zu sehr auf Ihr Hirn. Es ist ... das, das, das Hirn ist das am meisten überschätzte Organ, denk ich.

Mary (off): Ich weiß, Sie, Sie denken wahrscheinlich, ich bin zu sehr Verstandesmensch.

Ike (off): Na ja, Sie sind, (seufzt) wissen Sie, also n bißchen kopflastig sind Sie schon. Oh, was machts schon aus, was ich über (on) Sie denke? Weiß der Himmel, was Sie von mir erst denken müssen?

Mary: O nein, ich denke, Sie sind in Ordnung. Was wollen Sie eigentlich? Ich finde, ich finde schon, daß Sie (off) dazu tendieren, ein wenig aggressiv zu sein. Aber ich finde das reizvoll.

Ike: Ach, wirklich? (seufzt) Na, da bin ich aber froh.

Mary und Ike stehen vor einem Sternenhimmel.

Mary: Sie glauben also, ich hätte keine Gefühle? Stimmts?

Ike: Ja also, Sie, ich ... sind Sie aber sensibel! Gott, das hab ich doch nie gesagt.

Mary (seufzt)

Ike: Das heißt doch nicht ... ich finde Sie großartig. Wirklich, ich glaube, wissen Sie, ich-ich hab nur ...

Mary: Ja also ...

Ike: Sie sind leicht verunsichert. Ich finde, ich finde Sie wirklich wunderbar. Ehrlich.

Mary (seufzt): Pfff. Tja also, was meinen Sie? Es hat wahrscheinlich aufgehört zu regnen. Ähm ... Wollen wir n Happen zu uns nehmen oder was in der Art?

Ike (seufzt): Ich hab noch ne Verabredung heute abend.

Mary: Mm.

Ike: Ich halts daher nicht für so ne blendende Idee.

Mary: Also gut. Tja, wie wärs irgendwann nächste Woche? Ich kann Sie ja mal anrufen oder ... Haben Sie irgendwann Zeit?

Ike (seufzt): Äh ... Ich hab, ich hab nicht, ich glaub nicht, daß ich Zeit haben werde, wissen Sie, weil ... (seufzt)

Mary: Mm.

Ike: Ich halte es nicht für so ne blendende Idee für mich. Ich, wissen Sie, ich arbeite an diesem Buch.

Mary: Mm.

Ike: Und es, und es, äh, wissen Sie, es kostet mich ziemlich viel Kraft.

Mary: Okay. Verstehe.

Außen. Washington Bridge. Abenddämmerung.

Yale mit Emily im Auto.

Yale: Na, deine Eltern waren ja gut gelaunt. Mir hats beinah gefallen (lacht).

Emily (lacht): Wen hast du denn nach dem Essen angerufen?

Yale fährt den Wagen von der Brücke auf eine Kurve zu. Auf einem Verkehrsschild: SOUTH DOWNTOWN.

Yale: Ach, äh, äh, Da-David Cohen. Er will, daß ich sein neues Buch über Virginia Woolf bespreche. Er hat schon wieder eins geschrieben. Ist das zu fassen?

Emily: Gehts dir nicht gut?

Yale: Doch, mir gehts prima. Warum fragst du?

Emily: Na ja, du wirkst irgendwie nervös.

Yale: Nee, bin ich aber nicht. Mir gehts ausgezeichnet. Ich wollte . . . äh . . . dich gerade fragen . . .

Emily: Nein, nein, mir gehts gut.

Yale: . . . wies dir geht. Du schienst mir n bißchen merkwürdig beim Essen.

Emily: Ach, ich mußte . . . nur wieder an ein Baby denken.

Yale: Ach komm! Hör zu, ich hab Cohen versprochen vorbeizukommen und das Buch abzuholen. Du hast doch nichts dagegen?

Emily: Nein.

Innen. John's Pizzeria. Abend.

Ike und Tracey sitzen an einem Tisch einander gegenüber. Das Restaurant ist ziemlich voll. Während des ganzen Gesprächs hört man Gemurmel.

Tracey: He, hier gibts ja sogar noch Platz.

Ike: Hmh, fürn Sonntag nicht übel. Ich dachte, es würde gerammelt voll sein.

Tracey: Hab ich auch gedacht.

Ike: Mann, bin ich froh, daß du heute abend weg konntest, weißt du, äh, weil, äh, ich dich wirklich unheimlich gern sehen wollte.

Tracey: Weißt du, ich mag es, wenn du mir so unbeherrscht dein Verlangen zeigst.

Ike: Ich weiß, das ist ne Glanznummer von mir. Mein jungenhaftes Ungestüm. Mein ... Du siehst hinreißend aus.

Tracey: Also, ich hab ne Möglichkeit nach London zu gehen und an ... an der Akademie für Musik und Darstellende Kunst zu studieren.

Ike: Wirklich? Seit wann denn das?

Tracey: Mm. Vorn paar Tagen habe ich einen Brief bekommen.

Ike: Na, das ist doch großartig. Du hast ... Das ist doch fabelhaft.

Tracey: Ich möchte aber nicht ohne dich gehen.

Ike: He ... ich kann doch nicht nach London und dort studieren. Ich meine, das wär doch verrückt, verstehst du, und ausgerechnet Shakespeare. Weißt du, ich, ich seh nicht besonders gut aus in Leibchen und Strumpfhosen oder so.

Tracey: Ich meins ernst.

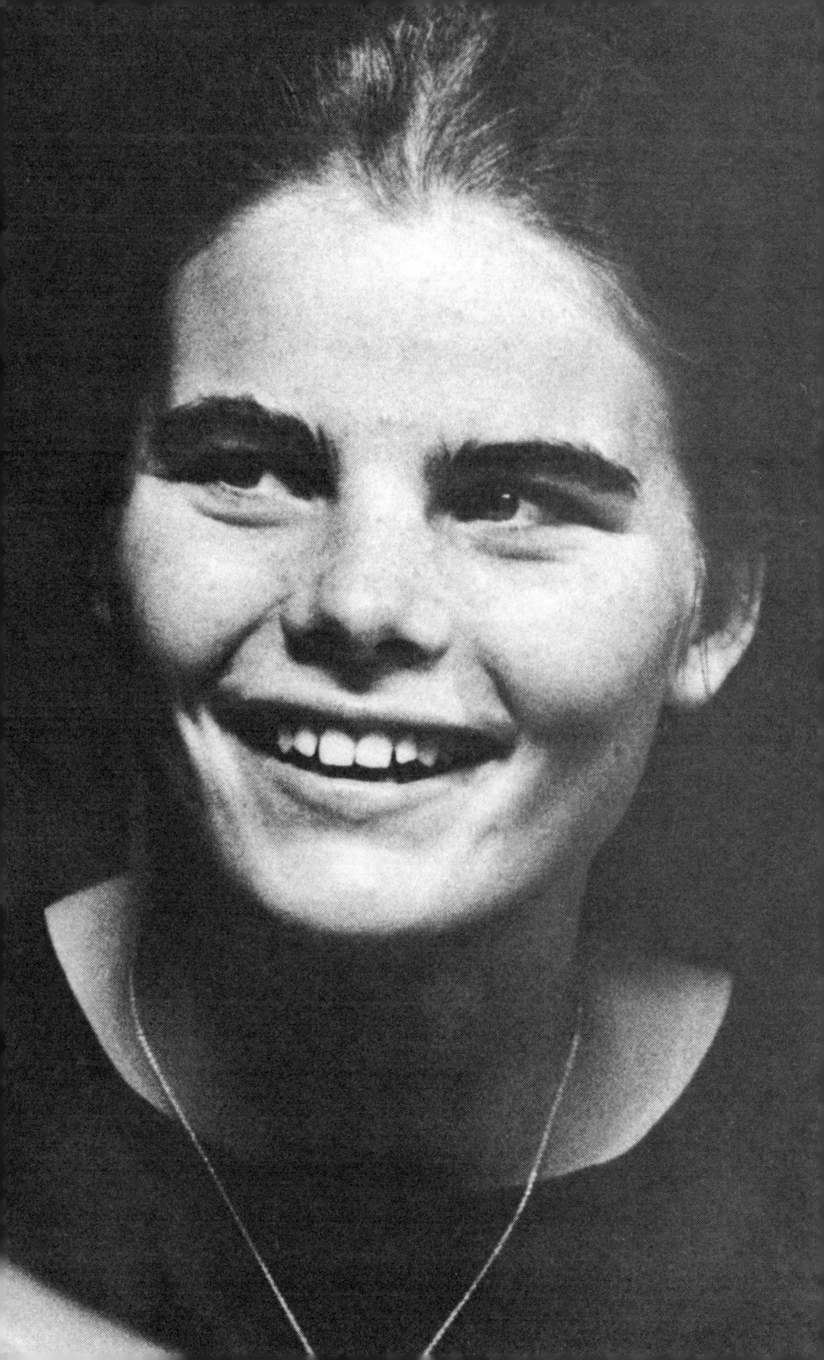

Ike: Natürlich mußt du da hin. Ich meine, es ist doch fabelhaft. Du wirst dich fabelhaft amüsieren in London. Es ist eine fabelhafte Stadt und du bist eine großartige Schauspielerin. Außerdem ist es zum Studieren ideal. Weißt du, es ist, äh, äh, weißt du, ganz London wird sich um dich reißen. Du wirst dich toll amüsieren. Wirklich, du darfst, darfst dir diese Chance nicht entgehen lassen. Und . . .

Tracey: Und was wird aus uns?

Ike: Na ja, weißt du, uns bleibt ja noch Paris (seufzt). Ich mach Spaß . . . du. Was ist denn das überhaupt für eine Frage? Du weißt, daß du daran jetzt nicht denken darfst.

Tracey: Du nimmst mich nicht ernst, nur weil ich siebzehn bin.

Ike: Ja, stimmt genau. Weil du siebzehn bist. Ich meine, stell dir mal vor, ich meine, es ist doch lächerlich. Wenn du jetzt siebzehn bist . . . wenn du sechsunddreißig bist, werde ich . . .

Ike wirkt verwirrt.

Ike: . . . äh . . .

Tracey: Dreiundsechzig.

Ike nickt.

Ike: Dreiundsechzig. Genau. Vielen Dank. Weißt du, das ist doch absurd. Du wirst auf der Höhe deiner sexuellen Fähigkeiten sein. Und natürlich . . . ich auch, möglicherweise vielleicht, aber, mm, weißt du, ich bin ein Spätentwickler.

Ike schüttelt langsam den Kopf.

Kellner (off): Wer . . .

Der Kellner kommt mit einer Pizza.

Kellner: . . . hat eine einfache Pizza bestellt?

Tracey (seufzt)
Ike: Ach, ich.
Kellner: Also kriegen Sie die mit Anschovis, Salami, Pilzen, Knoblauch und Paprika.
Tracey: Mhm.

Der Kellner stellt die Pizza auf den Tisch.

Ike: Sie haben noch Kokosnuß vergessen. Also, was wollen wir heut abend machen? Wir machen alles, wozu du Lust hast. Wir können ins Kino gehen, wir können ... ich geh mit dir tanzen, wenn du willst. Was auch immer du willst, es ist dein Abend.
Tracey: Alles was ich will, hm?
Ike: Absolut alles.
Tracey: Okay, ich weiß, was wir machen können.
Ike: He, schau nicht so verdorben drein!
Tracey: Sei still, (lacht) das ist nicht verdorben!

Außen. Central Park. Abenddämmerung.

Eine Pferdekutsche fährt vorbei. Man sieht Bäume und Gebäude.

Ikes Stimme: Das ist dermaßen kitschig. Ich, weißt du, ich kann es kaum fassen. Das also hast du gewollt? Das, das ist also dein größter Wunsch?
Traceys Stimme: Ich find das nicht kitschig. Ich find das lustig, wirklich lustig.
Ikes Stimme: Na ja, lustig ist das schon. Aber ich meine, so was hab ich als Kind gemacht. Weißt du, äh ...
Traceys Stimme: Ja also, ich habs eben noch nie gemacht. Ich find es toll.

Ikes Stimme: Mhm.
Tracey (lacht)
Ikes Stimme: Junge, Junge. Nach meiner Abi-Feier bin ich fünfmal durch diesen Park . . . sechsmal.
Tracey (lacht)
Ikes Stimme: Wenn da, wenn da auch noch ein Mädchen dabei gewesen wäre, was fürn unglaubliches Erlebnis wär das gewesen.
Tracey (kichert)

Außen. Pferdekutsche. Abenddämmerung.

Ike und Tracey sitzen auf dem Rücksitz der Kutsche. Sie küssen sich.

Tracey: Wehr dich nicht immer! Du weißt doch, daß du verrückt nach mir bist.

Ike: Ich bins. Du, du, du, du bist, sieh mal, du bist, (zeigt auf den Himmel) du bist Gottes Antwort an Hiob . . . verstehst du? Du hättest den ganzen Streit zwischen den beiden beendet. Ich meine, er hätte einfach auf dich gezeigt und gesagt: »Ich mach ne Menge Mist, aber so was wie sie kann ich auch machen.« Verstehst du?

Ike zeigt auf Tracey. Tracey kichert. Sie lehnt ihren Kopf an Ikes Schulter.

Ike: Und dann, dann hätte Hiob gesagt: »Na gut, okay, du hast gewonnen!«

Ike küßt Traceys Hand.

Außen. Central Park. Abenddämmerung.

Die Pferdekutsche fährt vorbei.

Innen. Marys Apartment. Nacht

Mary holt eine Flasche Wein aus der Küche. Yale folgt ihr. Sie setzt die Flasche ab und geht wieder in die Küche.

Mary: Jetzt paß mal auf, das ist doch verrückt! Ich meine, ich kann so nicht weitermachen. Das ist einfach große Scheiße! Verstehst du, was ich meine? Du bist verheiratet! Du bist verheiratet! Und ich hab fest damit gerechnet, dich am Wochenende zu sehn und saß herum. Ich wußte nicht, was ich tun sollte. Also, also hab ich Isaac angerufen. Wir sind zusammen spazieren gegangen. Und dabei konnte ich noch von Glück reden, daß er Zeit hatte.

Yale (off): Ich weiß, ich weiß. Es tut mir leid.

Mary nimmt eine Käseplatte von der Anrichte und bringt sie ins Wohnzimmer.

Mary: O nein, es ist, es ist nicht deine Schuld. Ach zum Teufel! Es ist eine ausweglose Situation. Ich ... es ist nur ... ich sehe gut aus und ich bin intelligent und ich hätte was Besseres verdient.

Yale: Oh, das weiß ich! W-was wäre, wenn ich etwas unternehmen würde?

Mary: Nein! Ich mach doch kein, oh, ich mach doch keine Ehe kaputt.

Das Telefon klingelt. Der Hund bellt. Mary geht durch das Wohnzimmer zum Telefon.

Mary: Verdammte Scheiße! Ich weiß immer noch nicht, ich verstehe einfach immer noch nicht, wie ich in diese Situation geraten bin. Ich glaub, wir haben uns einfach zum falschen Zeitpunkt kennengelernt ... oder so was Ähnliches. So was kommt vor.

Das Telefon klingelt. Mary nimmt den Hörer ab.

Mary (ins Telefon): Hallo? Oh, grüß dich! Grüß dich, Harvey! Wie gehts dir? Äh, was? Ja, also, ähm, bring es doch einfach, bring es doch einfach am Donnerstag vorbei (der Hund jault) und ich werds, und ich werds dann lesen, okay? Ja, ja, ja, okay, in Ordnung. Wir sprechen später darüber. Oh, okay. Tschüs! Tschüs! (der Hund jault)

Mary legt den Hörer auf.

Mary: Guter Gott!

Mary sieht Yale an.

Yale: Also, was verlangst du von mir? Was soll ich machen?

Mary (zum Hund): Waffles!

Mary schaut Yale an.

Mary (zu Yale): Gar nichts! Ich meine, es ist nur, wir kommen (unterbricht sich, zum Hund) Waffles, willst du jetzt bitte sofort damit aufhören! (der Hund jault)

Mary schaut Yale an.

Mary (zu Yale): Wir kommen einfach so nicht weiter. Entschuldige mich bitte!

Mary geht durchs Zimmer.

Yale: Schau mal, ich weiß, daß es schrecklich ist. Ich meine, ich sitz da in Sneeden's Landing mit Emily und ihren Eltern herum (er entkorkt die Weinflasche) und ich liebe sie! Und ich, ich, ich sitz da dumm herum und denke die ganze Zeit an dich und möchte dich anrufen.

Mary: Ja, gut, ich, ich will nicht . . .

Das Telefon klingelt.

Mary: Himmelherrgott! Ich will das einfach nicht

hören! Ich komme aus Philadelphia (der Hund bellt). In meiner, in meiner Familie hats niemals solche Affären gegeben! Meine Eltern waren vierunddreißig Jahre verheiratet ...

Das Telefon klingelt.

Mary: ... da betrügt man sich nicht!

Mary geht zum Telefon und nimmt den Hörer ab.

Mary (ins Telefon): Hallo? Oh, Donny! Ich grüße Sie. (zu Yale) Es ist mein Psychoanalytiker. (ins Telefon) Hallo! (seufzt) Äh, hm, nein, hm, ja, also, ich, nein, ich glaube, das wird nicht möglich sein. Äh, okay, gut, warum ... vielleicht gegen Ende der Woche? Okay. In Ordnung, in Ordnung. Ich komme darauf zurück. (kichert) Oh, okay, okay. Tschüs! (der Hund jault)

Yale ist zu Mary gekommen. Mary legt den Hörer auf und bedeckt ihre Augen mit den Händen.

Mary (zu sich, seufzt): Ganz ruhig bleiben! (zu Waffles) Waffles, bitte!

Yale versucht Mary zu berühren. Sie wehrt ab.

Mary (zu Yale): Bitte laß das!

Yale: Mary!

Mary: Dies ist wirklich nicht der richtige Augenblick! (der Hund bellt) (zum Hund) Waffles! (zu Yale) Das ist der falsche Moment für mich. Ich muß (sie beugt sich hinunter und nimmt Waffles in die Arme), ich muß erst mit mir ins reine kommen.

Mary geht durchs Zimmer.

Yale: Ja, also offenbar hätte ich besser nicht hierher kommen sollen, stimmts?

Mary (off): Wahrscheinlich nicht.

Der Hund bellt.

Innen. Ikes neues Apartment. Tag.

Ike steht in einem Zimmer inmitten unausgepackter Kartons. Er weist einem Möbelpacker, der mit einem Stuhl hereinkommt, die Richtung. Der Möbelpacker stellt den Stuhl ab. Ein zweiter Möbelpacker kommt mit einem Karton herein und knallt ihn direkt vor Ike auf den Boden. Ein dritter Möbelpacker kommt ebenfalls mit einem Karton und stellt ihn neben den anderen. Mit einem Tuch wischt er sich den Schweiß vom Nacken. Der erste Möbelpacker reicht Ike einen Zettel und einen Bleistift. Ike unterschreibt und gibt dem Möbelpacker den Zettel zurück.

Innen. Ikes Schlafzimmer. Nacht.

Tracey und Ike liegen im Bett. Man hört seltsame Geräusche. Ike zeigt zur Decke.

Ike (seufzt): Hör dir das an! Was soll ich ... wie soll ich ... Was ist das? Was ist das für ein Geräusch? Hörst du das auch? Hör mal, hör doch mal! Wo kommt das her?

Ike greift nach seiner Brille auf dem Nachttisch und setzt sie auf. Er richtet sich im Bett auf, indem er sich auf seine Ellbogen stützt.

Ike: Es ist, als ob, als ob, äh, als ob jemand Trompete spielt. Wie n Kerl, der ... wie wenn, wenn jemand sägt (er macht eine Sägebewegung), ähm, wie ein Mann, der eine Trompete zersägt. Stimmts? Stimmts?

Tracey stützt sich auf ihre Ellbogen und schaut Ike an.

Tracey: Laß uns ein bißchen Spaß haben.

Seltsames Geräusch. Ike zeigt zur Decke.

Ike: Hast du das gehört? Hast du ...?

Tracey: Laß uns ein bißchen Spaß haben. Dann kommst du auf andere Gedanken.

Ike: He! Wieviele Male pro Nacht kannst du ...? Wie oft hintereinander willst du denn? Was ist ...?

Tracey: Oft.

Ike: Ja, das kann man wohl sagen. Oft. Das ist ... also oft ist (er kichert) meine Lieblingsnummer. (kichert) Mensch, wirklich, so oft?

Tracey: Ja. Laß es uns doch mal auf ne völlig andere Art probieren. Wie du dirs schon immer gewünscht hast. Und wies noch niemand mit dir gemacht hat.

Ike: Ich bin schockiert. Spricht so ein Mädchen in deinem Alter?

Ike schlägt sich auf die Brust und nimmt dann Tracey beim Kinn.

Ike: Ich hol, ich hol mal rasch meine Tiefseetaucherausrüstung, und wir, ich werd dir mal richtig zeigen, was ein ...

Tracey: Warum nimmst du mich nicht ernst?

Ike: Ich nehm dich ja, aber, weißt du ...

Rumpelnde Geräusche. Ike zeigt zur Decke.

Ike: Hör dir das an. Hörst du das? Spinn ich?

Tracey (seufzt)

Ike faßt sich an die Stirn und steigt aus dem Bett.

Ike: Was? (japst) Ich. Dieses Gerumple! Hör dir das verdammte ... wo, zum Teufel, kommt das her?

Er läuft aus dem Zimmer.

Tracey: Das ist wahrscheinlich der Fahrstuhlschacht.

Ike (off): Das ist nicht der Fahrstuhlschacht. Es kommt irgendwo von den Wänden her. Es ist so ein merkwürdiges ... Komm, laß uns ... laß uns ... Können wir nicht in ein Hotel gehen? Ich will hier heute nicht ...

Tracey: Du bist ja verrückt!

Ike (off): ... schlafen. Ich kann hier nicht schlafen.

Tracey (seufzt)

Ike (off): Ich kann nicht. Wo ist das Aspirin? Ich meine, was, was, was hast du mit dem Aspirin gemacht?

Tracey: Ich könnte dir helfen, deine Wohnung in Ordnung zu bringen, wenn dus mir nur erlauben würdest.

Ike (off): Ich will sie nicht in Ordnung bringen. Und ich will nicht, daß du hier wohnst. Das heute nacht ist eine Ausnahme. Es ist meine erste Nacht in der neuen Wohnung, und, weißt du, ich, ich ... das war schon gut so. Ich wollte sie einweihen und hatte Angst, alleine zu schlafen. (zu sich) He, was ist das?

Aus dem Hahn läuft Wasser.

Ike (zu Tracey): Da kommt braunes Wasser raus.

Tracey: Die Rohre sind verrostet.

Ike (off): Braunes Wasser kommt aus dem Hahn! Was hat das zu bedeuten, Tracey?

Tracey: Eh! Die Rohre sind verrostet.

Ike: Tracey, schau dir das an! Das ist braunes Wasser.

Er geht zum Fußende des Bettes.

Ike: Ich zahle 700 Dollar im Monat. Und was, was krieg ich dafür? Ratten, die Bongo spielen, und einen Frosch und braunes Wasser! Schau dir das an!

Ike setzt sich aufs Bett und zeigt Tracey ein Glas braunes Wasser.

Tracey: Was wird aus uns?

Ike: Das ist ja ekelhaft. Ich mag nur klare Flüssigkeiten.

Tracey: Hör mal zu! Du beachtest mich überhaupt nicht. Was wird aus uns?

Ike stellt das Wasserglas ab.

Ike (zu Tracey): Pfff. Was soll das heißen? »Was wird aus uns?« Was ... äh, haben wir nicht viel Spaß zusammen? Sind wir, bin ich nicht eine Quelle ständiger Heiterkeit und steten Gelächters?

Tracey: Ja.

Ike: Ist dir das heute abend nicht klar geworden? So und damit genug, und außerdem, weißt du, haben wir, haben wir viel Spaß. Und dann, dann wirst du nach London gehen, genau, wie wirs besprochen haben. Du wirst dir diese Chance nicht entgehen lassen. (seufzt) Und dort drüben Schauspielunterricht nehmen, verstehst du. Und, und ...

Ike zeigt auf seinen Kopf.

Ike: ... du wirst mich immer in angenehmer Erinnerung behalten. Und jetzt sei lieb!

Außen. Stanhope Café. Tag.

Mary und Yale sitzen an einem Tisch in dem dichtbesetzten Straßencafé.

Yale: Du weißt doch, daß wir aufhören müssen uns zu treffen, oder?

Verkehrslärm.

Mary (seufzt): Oh ja, natürlich ... natürlich, ich verstehe. Ich habs deiner Stimme schon am Telefon anhören können. Sie klang so entschieden, weißt du ... wie der Papst oder der Computer in »2001«.

Yale: Sieh mal, es ist dir gegenüber nicht fair, und ich weiß nicht, was ich tue, verdammt noch mal.

Mary: Natürlich, natürlich.

Yale: Ich meine, komm, sei nicht böse! Ich meine, du, du, du warst es, die damit angefangen hat. Du warst doch unglücklich darüber, wie es lief.

Mary schüttelt den Kopf.

Mary: Ich bin nicht böse. Ich bin nur ... es ist nur so, daß ich gewußt habe, daß es so zu Ende gehen wird. Aber jetzt, wos so weit ist, bin ich ein bißchen verwirrt, okay.

Yale: Schau, du, du, du willst keine Bindung eingehen. Und ich will meine Ehe nicht kaputt machen, um dann herauszufinden, daß wir nicht zueinander passen. Ich, ich muß, ich muß jetzt auch mal an Emily denken.

Mary: Okay. Du hast dich deutlich genug ausgedrückt. Es ist alles klar. Ich bin ... ich bin nur froh, daß einer von uns, äh, den Mut gefunden hat, Schluß zu machen.

Yale: Wirst du zurecht kommen?

Mary weint einen Moment und hört dann auf.

Mary (weinend): Ja. (seufzt) Natürlich werd ich zurecht kommen, oder was glaubst du, was ich tun werde? Mich aufhängen? Ich bin eine gutaussehende Frau, ich bin, ich bin jung, ich bin hochintelligent, alles Pluspunkte für mich. Die Sache ... die Sache ist nur ... ist das, äh ... ich weiß nicht. Ich

bin völlig im Arsch. Ich bin nur ... ach Scheiße! Die Sache ist, welche Scheißrolle hab ich in dieser Beziehung überhaupt gespielt? M-mein Telefon klingelt unentwegt. Ich könnte mit der ganzen Fakultät vom MIT ins Bett gehen, wenn ich nur wollte. Es ist nur, ich weiß nicht, ich verschwende mich an einen verheirateten Mann. Also ich ... (seufzt) Hör zu! Ich glaub, es ist besser, wenn ich jetzt gehe. Ich glaube, es ist ... ich möchte nur, daß du das hier nimmst. Ich hatte ...

Mary nimmt zwei Eintrittskarten aus ihrem kleinen Portemonnaie. Sie versucht sie Yale zu geben, der sich weigert, sie zu nehmen.

Mary: Ich hab diese Karten besorgt, weil ich heute abend Rampal sehen wollte.

Yale: Nein, Mary!

Mary: Du nimmst sie! Was?

Yale: Hör mal, auch mir fällt es sehr, sehr schwer, weißt du.

Mary: Nein, bitte! Warum nimmst du sie nicht einfach und gehst mit deiner Frau hin?

Yale: Komm, komm, Mary, du liebst Rampal doch so! Ich meine, ruf doch jemanden an. Geh doch mit Isaac.

Mary zerreißt die Karten.

Mary: Ach, hau doch ab, du Arsch!

Innen. Ikes Apartment. Tag.

Ike steht in der Küche am Waschbecken und läßt sich ein Glas Wasser ein. Er geht ins Wohnzimmer zu Mary.

Ike: Pfff. Äh, Sie, ich weiß, Sie werden jetzt denken, das Wasser ist ein bißchen braun. Aber man kann es trinken. Wissen Sie, es ist ... es ist, äh ... lassen Sie sich davon nicht unterkriegen, wissen Sie!

Mary nimmt eine Tablette aus einem Fläschchen, das sie in der Hand hält.

Mary: Es tut mir wirklich leid, daß ich Sie damit nerve. Verstehn Sie, was ich meine?

Ike: Das macht doch nichts! Wirklich, das macht ...

Ike gibt Mary das Glas mit dem braunen Wasser. Sie zuckt zusammen.

Mary (seufzt): Ich wußte einfach nicht ... O Gott, ist das braun!

Ike: Das da, ja, ja, es tendiert zu Braun hin. Da gibts gar keine Frage.

Mary nimmt eine Tablette in den Mund.

Ike: Aber es, aber es, wissen Sie, nach einer Weile gewöhnt man sich daran.

Mary trinkt einen Schluck Wasser.

Mary: Ich wußte einfach nicht, wen ich anrufen sollte. Das ist alles.

Ike: Ich finde, Sie sollten dieses Valium nicht nehmen, wissen Sie. Weil ich glaube, daß es Krebs erzeugt.

Mary setzt sich. Ike geht in der Wohnung herum.

Mary: Aber nein, ne halbe Valium?

Ike: Ja, ja. Unterleibskrebs, glaub ich.

Mary (off): Wann hat man denn das herausgefunden?

Ike: Oh, äh, äh, das, das ist nur meine Theorie. Aber ich glaube, sie stimmt. Ich, irgendwo hab ich Kleenex.

Mary (off) (seufzt): Ich glaube, es geschieht mir recht.

Ike (off): Ach nicht doch!

Mary (off): Ist doch wahr, ist doch wirklich wahr! Ich meine, ich wußte doch, daß es unmöglich klappen konnte.

Ike: Ja. Man sucht sich einen verheirateten Typ. Und dann, wenns schiefgegangen ist, fühlt man sich in seinen schlimmsten Erwartungen bestätigt.

Mary (off): Ja, aber was denn für schlimmste Erwartungen?

Ike: Na, Sie wissen doch ... Ihre Erwartungen von Männern und der Ehe und daß nichts klappt.

Mary (off): Oh.

Ike: Sie wissen schon! Der übliche Quatsch.

Mary (off): O bitte, nehmen Sie meine Psyche nicht analytisch auseinander! Ich, ich bezahle einen Arzt dafür.

Ike (off): He!

Mary schneuzt sich.

Ike: Oh, Sie ... Sie nennen den Typ, den Sie, mit dem Sie herumquatschen, einen Arzt? Ich meine, zum Beispiel, Sie, Sie, Sie werden nicht mißtrauisch, wenn, wenn Ihr Psychoanalytiker um drei Uhr morgens anruft und in Ihr Telefon heult?

Mary (off): Also gut ...

Mary setzt sich auf den Stuhl.

Mary: ... er mag unorthodox sein. Aber er ist ein äußerst fähiger Arzt.

Ike kommt aus der Küche mit einer Rolle Küchenpapier. Er geht durch das Wohnzimmer zu Mary.

Ike: Er hat, bei Ihnen hat er wirklich ganze Arbeit

geleistet. Ihre, Ihre Selbsteinschätzung liegt noch ein Grad unter der von Kafka!

Ike reicht ihr die Papiertücher.

Ike: Hier, damit Sie sich Ihre Nase putzen können.

Seltsame Geräusche.

Mary: Uuh! Was ist das für ein Geräusch?

Ike zeigt zur Decke.

Ike: Ja, es ist unglaublich, nicht wahr?

Mary: Ja.

Ike geht gestikulierend herum.

Ike: Da oben, da oben wohnt ein Typ, ich weiß, ich weiß nicht, was der da treibt. Ich muß das jeden Tag mitanhören. Es klingt, als ob er da oben einen Papagei erdrosselt oder so was. Ich kanns nicht aushalten.

Mary (off): Also, wie kann man das aushalten? Es ist furchtbar. Einfach grauenvoll.

Ike: Ich weiß. Früher hatte ich eine tolle Wohnung, aber ich kann sie mir nicht mehr leisten. Hätten Sie Lust, spazieren zu gehen, weil, auf der Straße ist es nicht so laut.

Mary (off): Nein, ich glaube, ich geh jetzt einfach nach Hause.

Ike: Aber, aber! Nicht doch!

Ike geht auf Mary zu, die weint, und nimmt ihr das Wasserglas ab. Sie gehen durchs Zimmer.

Mary (weinend): Es ist einfach lächerlich. (schneuzt sich) Tja, er hat mich hängen lassen. Das ist der Punkt. Warum hab ich Hemmungen, ihn zu kritisieren?

Ike: He, langsam, langsam! Yale würde niemanden hängen lassen.

Mary: O bitte . . .

Ike: Er ist nicht der Typ dafür.

Mary: . . . jetzt verteidigen Sie ihn nicht auch noch. Ihr Männer haltet doch immer zusammen.

Mary putzt sich die Nase. Ike führt sie zur Wohnungstür.

Ike: Yale hat seine Probleme. Wie wir alle, verstehen Sie?

Mary (schnieft)

Ike: Ich hör mich ja schon wie Rabbi Blitzstein an.

Mary: Tja, hörn Sie, vielen Dank, daß ich kommen durfte. Ich weiß das zu schätzen. Es war sehr nett von Ihnen.

Ike: Wissen Sie, Tracey und ich gehen heute abend aus. Wenn Sie nichts zu tun haben und mitkommen wollen . . .

Mary: O nein, nein! Mir gehts gut. Ich bin okay. (schnieft)

Ike: Wirklich?

Mary: Wirklich.

Ike öffnet die Wohnungstür und sieht auf das Papiertuch in Marys Händen.

Ike: Das ist ein schönes (kichert) kräftiges Stück Papiertuch, das Sie da haben (lacht).

Mary (lacht): O Gott, ja. Also auf Wiedersehen und vielen Dank!

Mary geht, Ike schließt die Tür.

Innen. Ikes Schlafzimmer. Nacht.

Ike und Tracey sind zusammen im Bett, essen chinesisch und sehen fern.

Stimme eines Mannes (aus dem Fernseher): Ja, aber, die Frage ist doch, verdient ein, verdient ein Taxifahrer genug Geld, um alle seine Geschwister Medizin studieren zu lassen?

Ike: Mm-hm. Das schmeckt. Mm, oh ... (zeigt auf den Fernseher) schau, schau dir mal das Toupet von dem Kerl an!

Tracey (kichert): Hm.

Ike: Es ist unglaublich.

Tracey: Das ist echt beknackt.

Ike: Zum Ausschütten.

Ike zeigt wieder auf den Fernseher.

Ike (seufzt): Mm, und da guckt zentimeterweit das Unterfutter vor. Man kann es sehen.

Tracey (gluckst)

Ike: Ich weiß nicht, warum seine, warum seine Lieben ihm das nicht sagen. Pfff, das sieht aus, als ...

Tracey (kichert)

Ike hebt seine Hand und markiert dann eine fallende Bewegung mit ihr.

Ike: ... als ob das Toupet ihm von einem Fenstersims oder so was direkt auf den Kopf gefallen wäre, als er vorbei spazierte, und niemand ...

Tracey (kichert): Genau. Aber schau dir seine Frau an. Die sieht aus, als ob ihr Gesicht schon 8000 mal geliftet worden wäre.

Ike: Ja, ich weiß. Wie aus Plastik und ...

Er zieht sich die Haut aus dem Gesicht.

Ike: ... und so angespannt.

Tracey: Ich find das abscheulich.

Ike: Ihr Fleisch ist ...

Tracey: Ich find das einfach abscheulich. Ich

wünschte ... Warum können die sich nicht zu ihrem natürlichen Alter bekennen, anstatt all diesen Mist zu verwenden?

Ike: Ich weiß, es sieht ... Weißt du, alte Gesichter sind, sind, sind schön ...

Tracey: Ja.

Ike: ... weißt du. Mm.

Tracey: Einfach großartig.

Ike sieht hinunter aufs Bett und nimmt die Serviette von seinem Schoß.

Ike: Mm, mm, he, sei vorsichtig!

Tracey (kichert)

Ike: Ich glaube, ich hab schwarze Bohnensauce im Bett. Darin schlafen wir heute nacht.

Tracey zeigt auf den Fernseher.

Tracey: Oh, schau mal, das ist toll! Als Spätfilm zeigen sie heute einen W. C. Fields.

Ike: Mm.

Tracey: O toll. Den müssen wir sehen.

Ike beugt sich rüber und küßt Tracey auf die Schulter.

Ike (seufzt)

Innen. Squash-Halle. Tag.

Auf einer Wand steht: UPTOWN RAQUET CLUB. Yale und Ike kommen mit ihren Squash-Schlägern auf den Platz. Sie spielen den Ball gegen die Wand.

Yale (seufzt): Oh! O Gott! Mensch, ich fühl mich richtig wohl, weißt du. Ich hab mein Leben endlich wieder in Ordnung gebracht.

Ike: Ja?

Yale: Ja, weißt du (seufzt), ich mußte einfach

Schluß machen. Ich bin nicht der Typ für solche Geschichten. Weißt du, da bin ich jetzt endlich dahintergekommen.

Ike läuft nach einem Ball und verfehlt ihn.

Ike: Hörst du . . . hörst du noch was von Mary oder siehst du sie manchmal noch oder sowas?

Yale und Ike abwechselnd beim Schlagen.

Yale: Nein, nein. Wir (seufzt), weißt du, wir haben richtig Schluß gemacht. Ich glaube, es ist einfacher so, verstehst du.

Ike: Ähä.

Yale: Sie ist eine großartige Person. Sie verdient was Besseres, als von einem verheirateten Mann vernascht zu werden.

Ike: Ja, sie ist toll. Sie ist ein bißchen überdreht, aber toll.

Yale: Ja, Mann, das liegt doch genau auf deiner Schiene. Ich glaube, du solltest sie mal anrufen.

Ike: Ich, ich soll sie anrufen?

Yale: Ja.

Ike: Warum sollte ich sie anrufen?

Yale: Weil sie dich mag. Das hat sie mir gesagt.

Ike: Du bist ja verrückt.

Yale: Nein, bin ich nicht. Sie findet dich sehr attraktiv, sagt sie.

Ike verfehlt den Ball.

Ike: Sie hat gesagt, daß sie mich attraktiv findet?

Sie spielen weiter.

Yale: Ja.

Ike: Ja? Wann war denn das?

Yale: Äh, das hat sie erzählt, nachdem ihr euch das erste Mal gesehn habt.

Ike verfehlt den Ball.

Ike: Das wußte ich nicht. Das geht doch nicht.

Yale (lacht): Tut mir leid.

Ike: Das geht doch nicht. Ich sehe euch beide, euch beide immer noch zusammen (seufzt). Ich glaube nicht, daß ich das kann.

Yale: Nee, es ist doch vorbei, es ist vorbei. Es sei denn, du meinst es ernst mit Tracey. Ist es dir ernst mit Tracey?

Ike: Nein. Tracey ist zu jung.

Yale: Na also, dann ruf sie an! Hör zu, sie ist wirklich unglücklich, weißt du. Ich meine, sie, sie braucht etwas in ihrem Leben. Ich meine, ich finde, ihr beide würdet gut zusammenpassen.

Ike (seufzt): Ich glaube, ich könnte einen guten Einfluß auf sie ausüben. (Er schnauft) Ich glaube, daß durch meine persönliche Ausstrahlung ihr Leben wieder so was wie geordnet werden könnte. Wenn du weißt, was ich meine?

Yale (lacht): Ja, das hast du auch von Jill gesagt. Und durch deine persönliche Ausstrahlung ist sie von der Bisexualität zur Homosexualität übergelaufen.

Ike (schnappt nach Luft): Ja, aber da hab ich ne Zeitlang die alte Collegetour gemimt. (lacht)

Yale (lacht): Hör zu, du solltest sie wirklich anrufen.

Ike und Yale gehen zur Tür. Ike öffnet sie.

Ike: Mach keine Witze! Was, was hat sie über mich gesagt?

Ike und Yale gehen die Treppe hinunter. Leute.

Yale: Sie hat gesagt, daß sie dich sehr mag. Sie findet auch, daß du gescheit bist. Sie findet dich ...

Ike: Weiter, weiter! Mehr!

Yale: ... attraktiv. (Lacht)

Ike (lacht): Hat sie das wirklich gesagt? Ohne Witz?

Ike und Yale gehen hinaus.

Yale: Ja.

Außen. Ein Kino. Tag.

Auf einer Reklametafel steht: CINEMA STUDIO. INAGAKI'S ›CHUSHINGURA‹. DOVZHENKO'S ›EARTH‹.
Ike und Mary kommen aus dem Kino. Sie bleiben davor stehen, während die anderen Besucher herauskommen. Sie gehen zwischen vielen Menschen den Gehsteig entlang.

Innen. Marys Küche. Tag.

Ike folgt Mary in die Wohnung und schließt die Tür. Mary macht das Licht an.

Ike: Weißt du, für mich ist ein guter Film ein W. C. Fields-Film. So was mag ich. Auch »La Grande Illusion«, den seh ich jedesmal, wenn er im Fernsehen läuft (off) wenn, wenn ichs weiß. Also, was hast du zu essen im Haus? Nichts, stimmts? Du hast ...

Mary lächelt, öffnet den Wandschrank, nimmt eine Büchse heraus und schließt ihn wieder.

Ike (off): Oh, mein Gott, was ist das? Du hast hier ein, ein Corned-beef-Sandwich von 1951, glaub ich.

Ike kommt ins Zimmer, ein belegtes Brot in der Hand.

Ike: Schau dir das an!

Mary: Ja, ich . . .

Ike: Schau dir das an! Ich meine, es sollte, sollte – sollte . . .

Mary geht nach hinten.

Mary: Ich weiß, ich weiß . . . (off) Hör mal, ich hab keine Zeit fürs Kochen.

Ike schaut das belegte Brot an.

Ike: Corned-beef sollte nicht blau aussehen, weißt du. Das ist ja . . . uh, es ist schrecklich. Heh!

Mary kommt auf Ike zu.

Mary: Was?

Ike: Komm mal her!

Mary: Was?

Sie küssen einander und schauen sich dann an.

Mary: Was machst du da?

Ike: Was ich mache? Da fragst du noch, was ich mache?

Mary nickt.

Ike: Ich küsse dich mitten auf deine schwellenden Lippen.

Mary: O Gott! Ich weiß nicht. Ich, ich, Junge, Junge, ich bin unfähig, auch nur igendeine Ordnung in mein Leben zu bringen. Es ist, es ist einfach . . .

Ike: Das wollte ich schon die längste Zeit tun, weißt du, und, und, und . . .

Mary nickt.

Mary: Ja, ich weiß.

Ike: Wirklich?

Mary nickt.

Mary: Mm-mhm.

Ike: Weil ich, ich, ich dachte, daß mans mir nicht anmerkt.

Mary schüttelt den Kopf.

Ike: Ich hab versucht, cool und lässig zu wirken.

Mary: Und ich hab gedacht, daß du mich an dem Tag im Planetarium küssen wolltest.

Ike: Ja, wollte ich auch.

Mary: Das hab ich mir gedacht.

Ike: Aber, aber du bist, du bist doch damals mit Yale gegangen.

Mary: Mm-hm.

Ike: Und ich würde mich nie auch nur im entferntesten, verstehst du, dazwischen drängen. Ich würde ...

Mary (schnieft)

Ike: Also wolltest du mich damals auch küssen? Ich meine ...

Mary: Ähm. Ich weiß nicht, was ich wollte.

Mary geht im Zimmer herum.

Mary (off): Ich war so wütend auf Yale an diesem Tag.

Ike: Aber du warst so sexy, weißt du. Du warst bis auf die Haut durchnäßt vom Regen, und ich hatte das verrückte Bedürfnis, dich auf die Oberfläche des Mondes zu werfen und eine interplanetarische Perversion mit dir zu begehen.

Ike geht im Zimmer herum.

Mary (off): Ich kann nicht von Beziehung zu Beziehung wandern. Das wäre sinnlos. Ich kann das nicht!

Ike (off): Also, was, was soll denn das? Hängst du immer noch an Yale? Ist das das Problem?

Mary: Oh, ich hab zu viele Probleme. Ich bin, ich bin wirklich, ich bin wirklich nicht die Richtige, mit der man sich einläßt. Ich bring nur Ärger.

Ike: Heh, Schatz, Ärger ist mein zweiter Vorname.

Mary (lacht): Äh . . . was sagst du?

Mary wendet sich Ike zu. Er hält ihren Kopf.

Ike: Ja, stimmt. Nein, in Wahrheit ist mein zweiter Vorname Mortimer. Aber, äh . . .

Mary (lacht)

Ike: . . . ich mach bloß Spaß.

Sie küssen sich.

Innen. Whitney Museum. Tag.

Ein Mann und eine Frau. Mary und Ike kommen aus dem Hintergrund.

Mary: Also, mein Problem besteht darin, daß ich mich vom männlichen Organ gleichermaßen angezogen und abgestoßen fühle.

Ike zeigt auf ein Paar und bedeutet Mary, still zu sein.

Ike: Schsch!

Mary: Ja, weißt du, ich meine, für meine Beziehungen zu Männern ist das nicht gerade dienlich, das ist alles. Und wie stehts mit dir? Wie stehts mit deinem Verhältnis zu Frauen? Du hast mir eigentlich noch kaum etwas von deiner ersten Frau erzählt.

Beide gehen auf eine Skulptur aus Metall zu.

Ike (räuspert sich): Meine erste Frau war Kindergärtnerin, weißt du. Dann ist sie an Drogen geraten und, äh, nach San Francisco zu EST gegangen . . .

Mary: Ja.

Ike: . . . und Mitglied der Moon-Sekte geworden.
Mary (kichert)
Ike: Jetzt arbeitet sie bei der William Morris-Agentur.

Beide bleiben vor der Metall-Skulptur stehen.
Mary: Gefällt dir das?
Ike (schnieft): Das, das, ist, glaube ich, von einem traumhaften Anderssein umgeben, weißt du.
Mary: Ein Anders-sein?
Ike: Es strahlt irgendwie eine wunderbare negative Potenz aus . . .
Mary (kichert): Okay . . .
Ike: . . . außerdem eine Art w-w-wunderbarer Energie . . .
Mary: Aha.
Ike: . . . findest du nicht auch?

Außen. Eine Schnellstraße. Nacht.

Verkehr und die Lichter der Großstadt.
Marys Stimme: Mm-Hm. Ich fand den Wein Spitze, fandst du nicht? Und ich . . . mein Gesicht ist ganz erhitzt und rot.
Ikes Stimme: Ja. Du siehst so schön aus, daß ich mich kaum auf den Tacho konzentrieren kann.
Marys Stimme (lacht)
Ikes Stimme: Es hat mich immerhin vierzehn Dollar gekostet, um . . . (murmelt undeutlich)
Marys Stimme: Ich weiß, aber das Restaurant war traumhaft. Fandst dus nicht auch toll?
Ikes Stimme: Mmh. Ja. Ich mag Meeresfrüchte.

(schnieft) Ich bin natürlich betrunken. (kichert) Ha, ich weiß nicht, ob dus merkst oder nicht. (seufzt) He, wei-w-weißt du, zum ersten Mal in meinem Leben hab ich Chianti aus Warschau getrunken.

Marys Stimme (kichert)

Ikes Stimme: Gib mir n Kuß!

Marys Stimme: Okay.

Man hört Kußgeräusche.

Innen. Marys Apartment. Nacht.

Mary sitzt auf Ikes Schoß. Sie küssen sich. Mary löscht die Lampe aus. Dunkel.

Ike (seufzt)

Mary (seufzt): Woran denkst du gerade?

Ike (seufzt): Äh, ich ... ich hab gerade gedacht, daß irgendwas mit mir nicht stimmt, weil ich noch nie eine Beziehung mit einer Frau hatte, die länger dauerte als die zwischen Hitler und Eva Braun.

Mary: Ich glaube, du (kichert) bist immer noch betrunken. (kichert)

Kußgeräusche

Außen. Dalton Schule. Tag.

Ike lehnt am Zaun vor der Schule. Über dem Eingang steht: THE DALTON SCHOOL. Schüler verlassen das Gebäude. Tracey kommt lesend aus dem Gebäude. Man hört undeutlich, wie sich Schüler unterhalten. Ike nähert sich ihr und legt ihr die Hand auf die Schulter. Tracey ist überrascht ihn zu sehen, umarmt ihn und gibt ihm einen Kuß. Sie überreicht Ike ein Geschenk, während beide den Bürgersteig entlang gehen.

Ike: Für mich?

Er küßt sie.

Innen. Schüler-Café. Tag.

Ike und Tracey sitzen in dem gutbesuchten Café an der Theke. Ike schaut seine Mundharmonika an, das Geschenk von Tracey, während sie ein Eiscremesoda trinkt.

Ike: Pff. Ich ... das ist ja toll. Es ... es, ich kann gar nicht Mundharmonika spielen, aber (seufzt), es ist eine unglaublich tolle Mundharmonika, ist unglaublich toll.

Tracey: Ja, du hast mir doch gesagt, daß du was lernen willst. Und ich versuch, dich darin zu bestärken.

Ike: Pff. Tracey, Tracey, du verschwendest viel zu viel von deinen Gefühlen an das falsche Objekt.

Tracey: Für mich ist es nicht falsch.

Ike (seufzt): Weißt du, ich kann, ich, ich, ich glaube, es wäre besser, wenn wir uns nicht mehr sehn.

Tracey: Warum nicht?

Ike: Weil ich glaube, daß du zu sehr auf mich abfährst, verstehst du. »Auf mich abfährst«! Ich sprech ja schon wie du.

Tracey: Ich fahre nicht auf dich ab. Ich liebe dich.

Ike: Du kannst mich nicht lieben. Das hatten wir doch schon. Du bist noch ein Kind. Du weißt doch noch nicht, was Liebe heißt. Ich weiß noch nicht mal, was es heißt. Niemand hier weiß doch überhaupt, wos lang geht, verdammt noch mal!

Tracey: Wir haben doch viel Spaß zusammen. Ich kümmere mich doch um dich. Deine Probleme sind meine Probleme. Wir passen im Bett toll zusammen.

Ike (seufzt): Du, du bist, aber du bist siebzehn Jahre alt. Bis du einundzwanzig bist, wirst du ... du wirst ein Dutzend Beziehungen haben, hmm, glaub mir, weitaus leidenschaftlicher als diese.

Tracey: Ja, aber, liebst du mich denn nicht?

Ike (seufzt): Ich (seufzt), ja also, die Wahrheit ist, ich hab jemand andern.

Tracey: Ist das wahr?

Ike (off): Komm, komm! Bitte! Wir, du, wir, das

sollte doch keine lange tiefe Geschichte werden, das weißt du doch selbst.

Tracey: Du hast jemand kennengelernt?

Ike: Jetzt starr mich doch nicht mit so großen Augen an! Mein Gott, du siehst aus wie eins von diesen barfüßigen Kindern aus Bolivien, die Adoptiveltern suchen.

Tracey (off): Hast du dich mit einer andern getroffen?

Ike schüttelt den Kopf, dann nickt er.

Ike: Nein ... Ja. Äh, jemand, der älter ist. Ja. Ich meine, d-du weißt, d-du weißt, alt, nicht so alt wie ich ... aber doch irgendwie aus der gleichen Kiste wie ich.

Tracey: O je. Auf einmal gehts mir gar nicht gut. (seufzt)

Ike (off): Es ... es ist einfach nicht richtig. Du, weißt du, du (murmelt) solltest nicht so auf mich abfahren. Ich meine, du solltest dein Leben offen halten. Du solltest sehen ... weißt du, du mußt einfach ...

Tracey (seufzt): Du stellst es so hin, als ob es zu meinem Besten wäre. Dabei bist du es doch, der Schluß machen will.

Ike: He, sei nicht so altklug, ja? Ich meine, spiel nicht die Superschlaue. Ich, ich bin zweiundvierzig Jahre alt. Meine Haare fallen mir aus. Auf meinem rechten Ohr kann ich nicht mehr so gut hören. Und so was willst du haben?

Tracey (off): Ich kann es einfach nicht glauben, daß du jemand kennengelernt hast, den du lieber magst als mich.

Ike: Warum soll ich mich deswegen schuldig fühlen? Das ist einfach lächerlich. Ich habe dich immer ermutigt, mit, mit Jungs, die mehr in deinem Alter sind, auszugehen, Jungs, Typen aus deiner Klasse. Ich meine, mm, mm, Billy und Biff und Scooter und, mm, mm, Klein Tommy oder Terry.

Tracey weint. Ike berührt ihre Schultern und ihren Nakken.

Ike (off): He, jetzt wein doch nicht!

Tracey (weint)

Ike (off): Wein doch nicht! Komm, wein doch nicht! Tracey, Tracey! Wein, komm, wein doch nicht! Tracey, Tracey!

Tracey: Laß mich in Ruhe! (seufzt)

Ike (off): Tracey ... Komm, nicht ...

Ike wischt eine Träne aus ihrem Gesicht. Sie zuckt zurück.

Tracey: Laß mich (weint) in Ruhe! (seufzt)

Innen. Ikes Schlafzimmer. Nacht.

Ike liegt auf dem Bett und schreibt. Er hört auf zu schreiben und nimmt die Mundharmonika, die im Bett neben ihm liegt. Er spielt darauf, hört auf und betrachtet die Mundharmonika genau, legt sie dann zurück aufs Bett und denkt nach.

Ike (seufzt)

Außen. Straße. Tag.

Ike und Mary im Auto auf einer Landstraße.

Außen. Ein Wasserfall. Tag.

Ike und Mary schlendern auf einer Brücke. Sie bleiben stehen und blicken zum Wasserfall hinunter. Ike umarmt Mary.

Innen. Ein Landgasthaus. Schlafzimmer. Tag.

Der Raum ist abgedunkelt.

Mary: Ach, war das wunderbar.

Ike: Ja, das kann man sagen.

Mary macht Licht an. Man sieht Ike und Mary zusammen im Bett liegen.

Mary: Ich bin irrsinnig gern auf dem Land.

Ike: Mhm. Es wirkt sehr beruhigend.

Mary: Ich weiß.

Ike: Natürlich haben die Mücken das ganze Blut aus meinem linken Bein gesaugt.

Mary (kichert)

Ike nimmt seine Brille und setzt sie auf.

Ike: Andererseits, davon abgesehen bin ich ... gut in Form.

Mary: Fühlst du dich auch besser danach? Ich jedenfalls fühl mich besser.

Ike: Ja, du warst Dynamit. Nur, daß ich zwischendurch das Gefühl hatte, für ein oder zwei Sekunden, du spielst mir was vor.

Mary zuckt zusammen.

Mary: Was willst du ...

Ike: Nur ne Spur. Du hast einfach zu dick aufgetragen ...

Mary: Nein, hab ich nicht.

Ike faßt sich an den Hals.

Ike: Ja, als du deine Nägel in meinen Hals gebohrt hast. Da dachte ich, du hast einfach ein bißchen . . .

Mary schüttelt den Kopf und zuckt die Achseln.

Mary (seufzt): Äh, nein . . . nein, ich weiß nicht.

Ike: Also? Hast du?

Mary: Ich glaube, ich bin einfach noch ein bißchen nervös, wenn ich mit dir bin.

Ike: Wirklich? Immer noch?

Mary: Ja, also ich denke . . .

Ike: Aber das ist doch verrückt.

Mary: Weil ich wirklich . . . ich möchte, daß alles richtig klappt.

Ike: Das wird schon, es wird. Es wird schon klappen. Überlaß nur alles ruhig mir. Ich werd alles möglich machen. Du brauchst, du brauchst dich um nichts zu sorgen.

Mary: Versprichst du mir das? Versprichst du mir das wirklich?

Ike: Mm-hm, mm-hm.

Mary: Weil ich dich, ich mag dich sehr. Ich fühl mich wohl mit dir.

Ike: Ja, das kann ich dir nicht verdenken. (kichert)

Mary (lacht): Ja, ich meine, ich weiß nicht. Yale war, ja, er war Spitze, er war absolute Spitze, aber er war verheiratet. Und Jeremiah, wenn du dir Jeremiah ansiehst, meinen Ex-Ehemann, er war einfach von dieser brillianten, sexuell überzüchteten Sorte.

Ike zeigt auf sich.

Ike: He, und was bin ich? Etwa Grandma Moses?

(Kichert) Was soll denn das?

Mary schüttelt den Kopf.

Mary: Nein, nein, überhaupt nicht.

Ike: Also weißt du! Hm.

Mary: Nein, nein, nein, du bist ganz anders, du bist ganz anders. Du bist . . .

Ike: Ja?

Mary: Ja. Du bist jemand, mit dem ich, mit dem ich Kinder haben möchte. Könnt ich mir vorstellen.

Ike: Wirklich!

Mary: Ja.

Ike zeigt auf die Lampe.

Ike: Gut, gut. Mach das Licht aus! Los!

Mary: Hm.

Ike: Machs wieder aus!

Mary langt nach der Lampe, um sie zu löschen. Ike nimmt die Brille ab. Mary löscht das Licht. Der Raum wird dunkel.

Ike (seufzt): Also, also dann wollen wir gleich anfangen.

Innen. Marys Apartment. Nacht.

Ike und Mary tanzen engumschlungen im schummrigen Licht.

Außen. Ein See im Central Park. Tag.

Ike und Mary sitzen in einem Ruderboot. Ike hält die Hand ins Wasser und zieht sie wieder zurück: sie ist vollkommen dreckig. Er zuckt zusammen.

Außen. Zabars Geschäft. Abend.

Ike und Mary gehen über den Bürgersteig auf das Geschäft zu. Sie bleiben davor stehen. Ein Mann kommt aus dem Laden. Ein Mann und eine Frau gehen hinein. Ike und Mary sehen drei Afrikaner in Nationaltracht aus dem Geschäft kommen. Auf einem Schild über dem Geschäft steht: ZABARS 1 HOUR FREE PARKING – 248 W 80 ST GARAGE Bet. B'WAY. & W. E. Ave. – TICKETS VALIDATED IN STORE With minimum Purchase of 2 – 5.00.

Außen. Eine Straße in Brooklyn Heights. Tag.

Emily und Ike stehen vor einer Häuserwand. Ike schaut Emily an.

Emily: Also, man sieht dich ja überhaupt nicht mehr.

Ike (seufzt): Ja, weil ich an meinem Buch arbeite. Es verschlingt mich geradezu. Ich komm zu nichts anderem.

Emily: Es ist das Mädchen, mit dem du gehst. Es ist dir ziemlich ernst, oder?

Ike: Ja, es ist ernst, weißt du.

Emily: Ja also, wann werden wir sie denn endlich mal kennenlernen?

Ike: Also, ja . . .

Emily: Ich bin sicher, daß Yale sie auch gerne mal kennenlernen würde.

Ike: Vielleicht sollten wir mal zusammen ausgehen.

Emily: Ja, das wär prima.

Ike gestikuliert. Emily zuckt mit den Schultern.

Ike: Ich versteh das nicht. Warum er, warum, warum braucht er ein Auto. Er ist plötzlich so scharf auf ein Auto. Es ist einfach . . .

Emily: Er wills einfach. Was soll ich dir da sagen?

Emily und Ike gehen zu Yale hinüber, der mit zwei Männern hinter einem Porsche steht.

Ike: . . . verrückt. (zu Yale) Hör mal . . . äh, kann ich denn gar nichts tun, um dich davon abzubringen?

Erster Mann (zu Yale): Das Dach ist, das Dach ist Maßarbeit.

Yale spricht undeutlich mit ihm.

Erster Mann: Ja. Also gut.

Ike: Das ist doch wirklich verrückt! Man sollte, man sollte alle Autos in Manhattan verbieten. Ich meine, das ist, das ist wirklich verrückt.

Emily geht zu den beiden Männern. Yale und Ike gehen ans andere Ende des Wagens.

Ike: Hör mal, Emily will wissen, warum, ich meine, verstehst du, warum ich Mary nie mitbringe.

Erster Mann (zu Emily): Der Wagen ist tiptop in Ordnung. Das Dach ist Maßarbeit.

Der erste Mann zeigt auf das Dach, dann auf die Reifen.

Yale: Weißt du, warum bringst du Mary nicht einfach mal mit?

Erster Mann (zu Emily): Die Reifen sind einwandfrei in Ordnung.

Eine Sirene heult.

Ike: Also, ich weiß nicht. Wär dir das nicht peinlich oder so?

Yale: Oh. Spinnst du?

Ike: Paß auf, ich hab mit ihr schon drüber gesprochen. Für sie wärs auch kein Problem.

Emily (zum ersten Mann): Ach, wirklich?

Yale: Ja, also, warum machen wirs dann nicht einfach?

Erster Mann (zu Emily): Gefällt er Ihnen der Porsche?

Emily zuckt die Achseln.

Emily (zum ersten Mann): Ja, vielleicht.

Ike zeigt auf den Wagen.

Ike: Also weißt du. He, kauf bloß dies Ding nicht, weil das ... Du weißt doch, daß ich Autos nicht ausstehen kann.

Yale: O Isaac, der wird dir bestimmt ans Herz wachsen. (lacht)

Ike: Weißt du, es ist einfach ... es versaut die Umwelt und ...

Yale: Es ist das reine Kunstwerk.

Ike: Ja.

Innen. Yales Apartment. Abend.

Ike: Grüß euch!

Yale (off): Tag!

Emily (off): Tag!

Ike: Tag! Das ist, das ist . . .

Emily und Yale begrüßen Mary.

Ike (off): . . . äh, Emily.

Emily (zu Mary): Hallo! Nett, Sie kennenzulernen.

Ike: Das ist Yale.

Yale (off): Tag!

Mary: Tag, Yale!

Mary schüttelt Yale die Hand. Ike sieht Mary an, dann die anderen, dann wieder Mary.

Ike (murmelt unverständlich, hustet): Also, wollen wir gehen?

Emily schaut Yale an, dann die andern, dann zurück zu Yale.

Emily: Ja, laß uns gehen!

Yale schaut Emily an, dann die andern. Er lächelt.

Yale: Also dann! (seufzt)

Innen. Konzertsaal. Abend.

Ike, Mary, Yale und Emily im Zuschauerraum. Ike schaut Mary an. Sie schaut ihn an. Er schaut weg. Yale schaut Mary an, dann Ike, während er sich hinunterbeugt, um seine Socken hochzuziehen. Er lehnt sich zurüch und lauscht der Musik.

Außen. Ein Geschäft. Tag.

Abbrucharbeiter auf dem Dach eines Gebäudes.

Ikes Stimme: Schau dir das an. Das Gebäude ist schon fast ganz abgerissen.

Ike und Mary gehen durch das Gedränge auf dem Bürgersteig.

Mary: Warum stellt man so was nicht unter Denkmalschutz?

Ike: Ja. Ich hab mal versucht, einen Abbruch zu verhindern. Weißt du, indem ich Leute organisiert habe, die sich vor dem Gebäude auf die Straße legten . . . Und dann ist mir so'n Polizist auf die Finger getreten. Die Stadt verändert sich wirklich dauernd.

Beide gehen in das Geschäft.

Innen. Herrenausstattungsgeschäft. Tag.

Jeremiah, Marys Ex-Mann, steht hinter einem Ständer mit Anzügen. Mary und Ike kommen herein, gehen zu einem Regal und schauen sich Hemden an.

Ike: Nein, weißt du, ich brauche eins, das ich auch zu Hause tragen kann, ohne dabei gleich wie ein Mexikaner auszusehen.

Mary: Igitt. Das ist . . .

Jeremiah geht auf Mary zu.

Jeremiah: Mary?

Mary dreht sich erstaunt zu Jeremiah um.

Mary (zu Jeremiah): Oh, mein Gott! (lacht nervös) Jeremiah! Ja ...

Jeremiah: Grüß dich!

Mary stellt Ike und Jeremiah einander vor.

Mary: Äh. (kichert) Jeremiah, das ist mein Freund, äh, Isaac Davis.

Jeremiah und Ike geben einander die Hand.

Jeremiah: Hallo!

Ike: Hallo!

Jeremiah: Freut mich, Sie kennenzulernen.

Mary (lacht): O Gott!

Jeremiah schaut Mary an.

Jeremiah (zu Mary): Gott, das ist ja wirklich unwahrscheinlich.

Mary: Ich, es ist unwahrscheinlich, ich weiß.

Jeremiah: Ich bin nur fürn paar Tage in der Stadt.

Mary: Ja?

Jeremiah: So eine Art Symposion über Semantik.

Mary: Ach ja ...

Jeremiah: Du siehst einfach fabelhaft aus ... Ich, äh ...

Mary: Du, du bist so dünn geworden. Du hast tüchtig abgenommen, stimmts?

Jeremiah: Ja, äh, ich hab nen Trockentrainer.

Mary: Du siehst fabelhaft aus! Also wirklich gut siehst du aus ...

Jeremiah (seufzt)

Mary: ... wirklich gut!

Jeremiah: Ja, Gott, äh, ich bin ein bißchen in Eile. Aber, äh, es ist schön, dich zu sehen, und, äh ...

Mary: Ja, das ist toll.

Jeremiah: Weißt du, ich hab einen Artikel von dir im, äh, im »Atlantic« . . .

Mary: Ach Scheiße.

Jeremiah: Über Brecht.

Mary: Ich weiß, ich weiß, Brecht. (spricht es in korrektem Deutsch aus) Ja weißt du, ich meine, ich war immer schon ganz wild auf das deutsche Theater.

Jeremiah (lacht)

Mary: Ja . . . (seufzt)

Jeremiah: Okay. Also . . .

Mary: Einfach toll. Also . . .

Jeremiah winkt »Auf Wiedersehen«.

Jeremiah (auf deutsch): Tag! (wieder englisch) Okay, bis bald!

Mary: Tschau, tschau, Jeremiah!

Jeremiah (zu Ike): Tschau, tschau!

Ike (off): Tschau!

Mary geht zu Ike. Beide schauen sich an.

Mary: Gott, was für eine Überraschung! Ich kanns gar nicht fassen. Mein Ex-Mann! Und er . . .

Ike: Mhm.

Mary: . . . und er sieht wirklich viel dünner aus. Er sieht toll aus.

Ike: Ja also . . . also du hast mich echt an der Nase herumgeführt. Ich meine, ich war richtig geschockt . . .

Mary: Wieso?

Ike: . . . weil ich das nicht . . . so was nicht erwartet hatte.

Mary: Was hast du denn erwartet?

Ike (räuspert sich): Ich weiß nicht. Du hast gesagt, weißt du, du hast mir immer den Eindruck . . . und du hast gesagt, daß ... daß er ein richtiger Frauentyp ist ...

Mary: Ja, hab ich ...

Ike: ... und daß er deine Sexualität erweckt hat, weißt du.

Mary: So, sooo?

Ike: Und, weißt du, dann dieser, dieser kleine Horunkulus, weißt du, ich, äh ...

Mary (seufzt): Er ist ein echtes Naturereignis.

Ike: Wirklich? Also, es ist, weißt du, ich, es ist schon komisch, wie subjektiv so was immer ist.

Mary (seufzt): Ich versteh nicht, was du ...

Innen. Ikes Apartment. Tag.

Ike sitzt schreibend auf dem Bett. Er hört zu schreiben auf und blickt durch die offene Tür, durch die man Schreibmaschinengeräusche hört.

Ike: Junge, Junge, du legst ja mächtig los!

Mary (off): Ja, es läuft wie geschmiert.

Ike überliest, was er geschrieben hat.

Ike: Aha. Schreibst du immer noch an der Kritik über die »Tolstoi-Briefe«?

Mary sitzt an einem Tisch und tippt. Sie hat eine Zigarette im Mund.

Mary: Nein, nein, die hab ich schon vor zwei Tagen erledigt. Ich bin gerade, ich bin gerade bei ner Romanfassung.

Man hört Schreibmaschinengeräusche.

Ike auf dem Bett hört zu schreiben auf und schaut durch die Tür.

Ike: Ich meine, warum, warum verschwendest du deine Zeit mit diesen Romanfassungen?

Mary (off): Warum? Weils leicht geht und gut bezahlt wird.

Ike: Also weißt du, das ist eine von den amerikanischen Zeiterscheinungen, die wirklich schwachsinnig sind ... diese, äh, diese Romanfassungen von Filmen. Ich meine ...

Mary sitzt am Schreibtisch und schreibt.

Ike (off): ... du bist viel zu gut für so was. (Das Telefon klingelt) Ich meine, du solltest was Besseres machen.

Mary nimmt einen Zug von der Zigarette, legt sie dann weg.

Mary: Was zum Beispiel?

Ike (off): Also, weißt du, was Eigenes schreiben. Ich hab deine Sachen gelesen. Ich fands großartig.

Mary nimmt das Telefon ab.

Mary (ins Telefon): Hallo?

Außen. Park Avenue / Telefonzelle. Tag.

Yale telefoniert. Man sieht, wie der Verkehr vorbeifließt.

Yale (ins Telefon): Grüß dich, Mary! Ich bins, Yale. Ich hab gehofft, daß du rangehen würdest. Hör mal, äh, können wir uns auf einen Kaffee sehen?

Hupen.

Innen. Ikes Apartment. Tag.

Mary sitzt am Tisch und telefoniert.

Mary (ins Telefon): Ja, also, warum, warum? Was soll das? Wa . . .

Außen. Telefonzelle. Tag.

Yale: Also, weißt du, du fehlst mir, und ich hab mir gedacht . . . gedacht, daß wir vielleicht miteinander reden könnten.

Innen. Ikes Apartment. Tag.

Mary (ins Telefon): Nein, ich glaub nicht, daß das geht, wirklich. Ich glaub nicht, daß das wirklich überhaupt möglich ist. Es tut mir leid. Ich, äh, nein, ich, es tut mir leid, ich muß Schluß machen.

Mary legt den Hörer auf und lehnt sich verwirrt in ihrem Stuhl zurück. Ike sitzt auf dem Bett und spitzt seinen Bleistift.

Ike: Wer war das?

Mary (off): Was?

Ike: Wer war da gerade am Telefon?

Mary sitzt am Tisch, sie scheint verwirrt.

Mary: Äh, die Ballettstunde.

Ike (off): Die Ballettstunde war das?

Mary: Ja, ob wir Ballettstunden umsonst haben wollen.

Ike (off, kichert): Genau. Sie geben dir eine Stunde umsonst, und dann nageln sie dich für 50 000 Dollar fest.

Außen. Park Avenue. Tag.

Yale in einer Telefon-Zelle. Ein Jeep, dann ein Taxi.

Innen. Yales Apartment. Tag.

Ike und Emily stehen am Bücherregal. Ike wendet sich Emily zu.

Ike: Der Viking-Verlag ist ganz begeistert von meinem Buch.

Emily: Oh, das ist gut.

Ike: Die sind begeistert von den ersten vier Kapiteln, denn mehr haben sie noch nicht gekriegt. Aber sie, sie finden das ganz witzig, verstehst du, und haben mir jede Menge Komplimente gemacht.

Emily: Ja, also, Yale hat deinen Anfang auch gelesen und fand ihn sehr vielversprechend.

Emily dreht sich um und geht hinaus. Ike folgt ihr in die Küche.

Ike: Ja, ich weiß, aber Yale gehört sozusagen zur Familie, weißt du, und deshalb will er mir natürlich Mut machen. Aber beim Verlag, weißt du, das sind diejenigen, die damit Geld scheffeln wollen.

Emily: Ja, klar. Vielleicht spornt es ja Yale an, seine O'Neill-Biographie fertig zu schreiben. Ich meine, er hat ja schließlich lange genug davon geredet.

Emily geht an Ike vorbei aus der Küche.

Ike: Ich weiß, seit Menschengedenken.

Emily: Ja.

Ike: Ja, Mary ... Mary hat das Zeug gelesen und sie

. . . sie hat sich halbtot gelacht. Und ich . . . ich gebe viel auf ihr Urteil, weißt du, obwohl sie einen philosophischen Essay über einen Rock-Star schreibt, der wirklich . . .

Emily und Ike sind ins Wohnzimmer gekommen, eine Tür geht auf.

Yale (off, ruft): Hallo!

Ike: Weißt du, sie wird . . .

Eine Tür wird geschlossen.

Emily (off, zu Yale): Hallo, wo (kommt ins Zimmer) bist du gewesen? Du wolltest doch schon vor einer Stunde zuhause sein?

Emily geht durch das Wohnzimmer und bleibt in der Mitte bei Ike stehen. Yale kommt auf die beiden zu.

Yale: Äähh, ich habe den Wagen gekauft.

Emily: Ah, du hast ihn also gekauft.

Yale: Ich weiß, ich weiß, es ist eine extravagante Spinnerei ...

Ike (seufzt)

Yale: ... aber ich mußte ihn einfach haben. Er war einfach zu schön.

Ike: Hast du dir das ... das Dings gekauft, das wir neulich gesehen haben?

Yale nickt.

Yale: Ja, ja.

Ike: Oh!

Emily: Hast du schon das von Ike gehört?

Yale: Häh?

Emily: Die bei Viking Press sind ganz weg von den ersten vier Kapiteln seines Buchs.

Ike nickt.

Ike: Mm-hm.

Yale: Wirklich?

Ike: Ja, sie haben mir jede Menge Komplimente gemacht.

Yale: Prima. Nächste Woche kriege ich das Auto. Dann fahrn wir damit weg und feiern.

Ike: Okay.

Emily schaut Ike an, der zustimmend nickt, dann zu Yale und lächelt.

Emily (zu Ike): In unserem neuen Auto!

Außen. Tappan Zee Bridge. Tag.

Yale, Emily, Ike und Mary sind in Yales Porsche gequetscht.

Außen. Nyack / Antiquitäten-Läden. Tag.

Menschen, Yale kommt, gefolgt von Ike, aus dem Geschäft. Mary und Emily kommen aus einem anderen Geschäft. Mary gibt Ike ein Bild. Ike gibt Mary einen Kuß. Ike wirft das Bild in einen Abfall-Korb.

Innen/Außen. Das Schaufenster einer Buchhandlung. Tag.

Man sieht durch das Schaufenster geparkte Autos. Emily und Yale gehen vorbei, dann folgen Ike und Mary, die vor dem Fenster stehen bleiben. Ike zündet sich eine Zigarette an, blickt durchs Schaufenster und zeigt auf etwas. Er gibt Yale und Emily ein Zeichen, daß sie zurückkommen mögen. Man sieht Yale und Emily durch das Schaufenster schauen.

Im Schaufenster sind mehrere Exemplare von Jills Buch ausgestellt. Auf dem Buchumschlag kann man lesen: EHE, SCHEIDUNG UND DAS WAHRE SELBST. JILL DAVIS. Auf der Rückseite des Buchumschlages sieht man Jills Bild.

Außen. Nyack Ufer / Hafengebiet mit Fluß. Tag.

Mary, Ike, Yale und Emily kommen. Yale liest aus Jills Buch vor. Die Gruppe schlendert weiter. Man hört Möwengeschrei.

Yale (off): Mein Gott, hört euch das mal an! (liest) »Und während ich mit dieser so tiefer Empfindung fähigen, unendlich (lacht) geschickten Frau zusammen schlief, wurde ich der Tatsache gewahr ...

Ike hält sich die Ohren zu und verzieht das Gesicht.

Yale: ... was für eine hohle Erfahrung, was für eine lächerliche Groteske ...

Ike (seufzt)

Yale (liest): ... die Sexualität zwischen mir und meinem Ehemann war.«

Emily (lacht)

Ike: Bitte, das ist so ekelerregend! Ich, (seufzt) oh.

Emily nimmt Yale Jills Buch aus der Hand.

Yale: Allmächtiger Gott!

Emily (kichert): Ist das wahr? Hast du wirklich gleichzeitig mit Jill und einer anderen Frau geschlafen?

Ike: Oh, kommt das bei ihr auch vor?

Emily und Yale lachen.

Ike: Himmel! Ich meine, es war doch ihr Wunsch, glaub ich jedenfalls. Wißt ihr, ich, ich, ich war ... ich wollte kein Spielverderber sein.

Yale: Hats denn wenigstens Spaß gemacht?

Mary: Und dann die Stelle, wo, wo ...

Ike schaut Yale an.

Ike (zu Yale): Nein, es hat keinen Spaß gemacht.

Yale (lacht)

Mary: Kennt ihr die Stelle schon, wo er versucht, ihre, ihre Freundin totzufahren?

Emily (lacht)

Yale: O ja!

Ike schaut Mary an.

Ike (zu Mary): Auf wessen Seite stehst du?

Yale schaut Emily an. Mary schaut Ike an.

Mary (zu Ike): Was soll denn das heißen?

Ike: Nein, ich hab nicht versucht, sie umzufahren. Es hat geregnet, das Auto kam ins Schleudern. Mein Gott, jetzt weiß jeder Mensch in der Stadt ...

Emily: Ich kanns kaum glauben.

Ike: ... all diese Einzelheiten. Jeder. Alle meine Freunde und ...

Emily (off): He, hört euch mal die Stelle an: »Er neigte zu Anfällen von Jähzorn, jüdisch-liberalem Verfolgungswahn, männlichem Chauvinismus, selbstgerechter Menschenfeindlichkeit und nihilistischen Stimmungen der Verzweiflung. Ständig jammerte er über das Leben, sah aber nie irgendeine Lösung. Er wollte nichts sehnlicher als ein Künstler sein, aber scheute davor zurück, die erforderlichen Opfer zu bringen ...

Man hört Möwenkreischen.

Emily: ... In seinen privatesten Augenblicken sprach er von seiner Todesfurcht, die er in tragische Höhen hochstilisieren wollte, und die doch in Wirklichkeit nicht mehr als der pure Narzißmus war.«

Innen. Jills Apartment. Tag.

Ike folgt Jill durchs Wohnzimmer, Connie sitzt am Eßtisch.

Ike: Ich bin gekommen, um dich zu erwürgen.

Jill (off): Kein Wort von dem, was ich geschrieben habe, ist gelogen.

Ike: Was soll denn das heißen? Das Buch macht aus mir einen zweiten Lee Harvey Oswald.

Jill: Es ist ein getreues Abbild unserer Ehe.

Ike: Daß ich narzißtisch bin?!

Jill: Findest du nicht, daß du ein wenig von dir selber eingenommen bist?

Ike: Und ... menschenfeindlich? Und selbstgerecht?

Jill: Also, ich, ich habe ein paar freundliche Sachen über dich geschrieben.

Ike: Was zum Beispiel? Was?

Jill geht während des Gesprächs im Zimmer hin und her, holt Nähzeug. Ike läuft ihr hinterher.

Jill: Was zum Beispiel? Zum Beispiel, daß du weinst, wenn du »Vom Winde verweht« siehst.

Ike: O Gott.

Connie lacht im Off.

Ike (zu Connie): Worüber lachst du? Du bist doch angeblich die Reifere von euch beiden. Und hast sie diesen Schrott schreiben lassen?

Connie: He, Moment mal. Das ist ne Kiste zwischen euch beiden.

Ike: Und du, du, glaubst du wirklich, daß ich versucht habe, dich mit dem Auto zu überfahren?

Connie: Du hast nur zufällig Gas gegeben, als ich vor dem Auto vorbeilief.

Ike (zu Jill): Großer Gott, ich soll, ich habe, ich soll das absichtlich getan haben?

Jill (off): Ja, was würde Freud wohl dazu sagen?

Ike geht zu Jill.

Ike: Freud würde sagen, daß ich sie wirklich umfahren wollte. Deswegen gilt er ja als Genie.

Connie steht auf und geht zur Treppe.

Connie: Jetzt hört mal zu, ihr beiden. Ich geh jetzt nach oben, ich hab noch was zu tun. Und vergiß nicht, daß Willie beim Ballettunterricht ist.

Connie geht nach oben.

Ike: Ja.

Jill: Paß auf, ich warn dich lieber gleich. Ich hab schon ein paar Angebote für eine Verfilmung.

Ike schaut ungläubig weg.

Innen. Ikes Apartment. Nacht.

Ike kommt durch die Eingangstür herein.

Ike (ruft): Ist jemand zu Hause?

Mary (off): Ähä.

Ike geht in die Küche und macht Licht. Er geht zum Abwaschbecken.

Ike: Ja? Du, ich muß dir eine unglaubliche Geschichte erzählen, absolut unglaublich. Bist du okay?

Mary (off): Oh, ja, ja.

Ike: Ja, laß mich nur ein Glas braunes Wasser trinken, dann gehts mir besser, ich sterbe nämlich vor Durst.

Ike dreht den Wasserhahn auf und füllt ein Glas mit Wasser.

Mary (off): Isaac . . . ich möchte mit dir zuerst . . .

Ike: Mm-hm.

Mary: . . . sprechen.

Ike geht mit dem Wasserglas aus der Küche, nachdem er das Licht gelöscht hat. Er geht durch das Wohnzimmer zu Mary.

Ike: Also, ich bin doch heute vormittag bei Jill gewesen, stimmts? Weil ich mich wirklich über den Mist geärgert habe, den sie da in dem Buch ausgebreitet hat.

Mary (off): Ja, Isaac. Mmhm.

Sie schauen sich an.

Ike: . . . und, und ich, weißt du . . .

Mary: Bevor du dich darüber ausläßt, möchte ich dir nur etwas . . . möchte ich dir etwas sagen.

Ike: Was ist denn los? Du siehst, du siehst richtig bleich aus.

Mary: Ja.

Ike: Ja also, was. Was ist denn los? He, was . . . ist was nicht in Ordnung? Was ist es?

Mary (zögernd): Ich glaube, daß ich Yale immer noch liebe.

Ike fährt auf.

Ike: Was!? Du ... machst du Witze ... Du liebst?

Mary (off): Ja.

Ike: Also wann ist denn das passiert? Ich meine, was ... Also liebst du ihn nun, oder glaubst dus nur?

Mary: Ich treff mich wieder mit ihm.

Mary gießt sich ein Glas Wein ein.

Ike (off): Seit wann?

Mary: Mm. Erst seit heute. Wir sind nicht wirklich ... Deshalb möchte ich mit dir offen darüber reden.

Ike (off): Gott, ich ...

Mary geht in der Wohnung auf und ab.

Ike: ... ich bin, ich bin fassungslos. Ich bin, äh ... überrascht.

Mary: Ich, ich glaube, ich habe ihn immer geliebt.

Ike: Und wie denkt er darüber?

Mary (seufzt): Ja, also ... puh, er will zu Hause ausziehen, damit wir zusammen leben können.

Ike: Das haut mich um. Ich bin, ich bin, ich bin in einem Zustand von, äh ... jemand sollte mir eine Decke überwerfen, weißt du, ich bin ...

Mary: Also, schau mal, er hat mich ein paar Mal angerufen, als er vollkommen down und durchgedreht war. Und er (seufzt) liebt mich noch immer.

Ike: Das, das, das wird ja immer mehr zu einer Komödie von Noël Coward, verstehst du. Jetzt müßte nur noch jemand rausgehen und ein paar Martinis mixen.

Mary (off): Ich nehms dir nicht übel, daß du wütend auf mich bist.

Ike: Ich bin viel zu erschlagen, um wütend zu sein.

Mary: Also dann, ich wollte du wärst es. Ich wollte, du würdest wütend, damit wirs rauslassen könnten, damit wirs offen austragen könnten.

Ike zeigt auf sich selber.

Ike: Gut, aber ich werde nicht wütend, okay. Ich meine, ich neige dazu, Probleme zu verinnerlichen. Ich kann meinen Zorn nicht ausdrücken. Das ist eines der Probleme, die ich mit mir herumtrage. Ich, ich krieg statt dessen einen Tumor.

Mary (off): Also ich habe dir erzählt, daß ich Probleme (seufzt) . . .

Sie geht an Ike vorbei, der auf einem Stuhl sitzt, und setzt sich auf den Eßtisch.

Mary: . . . von Anfang an hatte. Gleich als wir uns das erste Mal getroffen haben.

Ike: Und was, und was sagt dein Psychoanalytiker? Ich meine, hast du mit ihm drüber gesprochen?

Mary: Donny liegt im Koma. Er hat schlechte Erfahrungen mit LSD gemacht.

Ike: Also das ist ja, das ist ja fabelhaft. Ich meine, weißt du . . . (seufzt). Ich glaube, du bist im Begriff, einen großen Fehler zu machen.

Mary: Warum?

Ike: Warum? Weil du . . . warum? W-w-weil du Yale mir vorziehst, das ist alles. Ich weiß, das klingt egoistisch, aber, äh . . .

Mary (seufzt)

Ike: . . . weißt du, dieser Kerl ist seit 12 Jahren mit Emily verheiratet. Du . . . was glaubst du wird passieren? Er wird einen Monat von ihr weg sein, und wird verrückt werden. Und-und-und wenn er dir total verfällt, weißt du, wenn du anfängst, dich sicher zu fühlen, wirst du ihn fallen lassen. Ich weiß das. Ich, ich, ich ... (er schnippt mit den Fingern) geb der ganzen Sache vier Wochen. Und das wars.

Mary: Also ich, ich, ich kann nicht so weit in die Zukunft planen.

Ike: Du kannst keine vier Wochen in die Zukunft planen? Ich meine, was ...

Mary schüttelt den Kopf.

Mary: Nein.

Ike: ... was ... was für eine Art von Voraussicht ist das? (seufzt) O Gott. Du weißt, ich, ich wußte schon, daß du verrückt bist, als wir uns zum erstenmal getroffen haben. Ich, du weißt, ich, weißt du, ich ... m-m-man denkt immer, daß man derjenige ist, der alles anders macht, weißt du, aber, äh ...

Mary: Isaac, es tut mir leid.

Ike: Ja also ...

Mary: Es tut mir wirklich, wirklich leid, wirklich!

Ike: Mm-hm.

Mary: Isaac?

Ike stellt sein Wasserglas auf dem Tisch ab, steht auf und geht hinaus.

Mary: Es, es tut mir ... Wo bist du? ... Wo gehst du hin?

Ike (off): Ich brauch ein bißchen frische Luft.

Mary: Oh.

Außen. Eine Straße. Tag.

Ike geht die Straße entlang, an einem Mann und einer Frau vorbei.

Innen. Universität. Tag.

Zwei Mädchen betrachten das Schwarze Brett. Ike kommt herein und stürmt den Flur entlang zu Yales Hörsaal. Ike bleibt stehen und schaut durch das Türfenster zu Yale und den Studenten hinein. Ike klopft an die Tür. Yale schaut ihn an. Ike bedeutet Yale herauszukommen und klopft noch einmal an die Tür. Yale geht zur Tür und öffnet sie.

Ike: Psst. Ich muß mit dir sprechen.

Yale: Was machst du denn hier?

Ike: Was soll denn das heißen, was ich hier mache. Ich hab mit Mary gesprochen. Hättest du dich nicht mal dazu äußern können?

Yale: O verdammt. Ich wollte dir ja was sagen, aber nicht ... Psst, die Studenten da ...

Yale schaut in den Hörsaal, dann wieder zu Ike.

Ike: Ja, also wo können wir hingehen und reden?

Yale: Komm mal her. Komm mal her. Komm mal her. Komm mal her.

Ike: Wo können wir ... wo können wir uns unterhalten?

Yale schiebt Ike über den Flur in einen anderen Hörsaal.

Yale: Wie bist du überhaupt durch die Sicherheitskontrolle gekommen?

Ike: Wieso? Ich bin einfach vorbeigegangen.

Innen. Ein leerer Hörsaal. Tag.

Yale und Ike kommen in den Hörsaal. Yale schließt die Tür.

Ike (seufzt): Was erzählst du mir da, daß du, du du ... Emily verlassen willst ... ist das wahr ... und ... und mit dieser, dieser, dieser Hauptgewinnerin des Zelda-Fitzgerald-Preises für besondere Gefühlsreife durchbrennen willst?

Yale: Hör zu, ich liebe sie. Ich hab sie immer geliebt.

Ike (seufzt): Oh, was für ne Sorte beknackter Freund bist du überhaupt.

Yale: Ich bin ein guter Freund. Ich hab euch beide bekannt gemacht, wenn du dich bitte mal erinnern würdest.

Ike: Warum? Wo ist der Witz (kichert)? Ich versteh überhaupt nichts.

Yale: Nun, ich dachte, sie gefällt dir.

Ike: Ja, sie gefällt mir. Jetzt gefällt sie uns beiden.

Yale: Ja, aber mir gefiel sie zuerst.

Ike: »Mir gefiel sie zuerst.« Wie alt bist du ... bist du sechs Jahre alt? Lieber Gott!

Yale: Hör mal ... Ich dachte, es wäre vorbei. Weißt du, ich meine, hätt ich dir denn zugeredet, mit ihr auszugehen, wenn ich sie immer noch gemocht hätte?

Ike steht neben einem Skelett und schaut Yale an.

Ike: Also, was nun! Du mochtest sie. Jetzt magst du sie nicht mehr. Dann mochtest du sie wieder. Weißt du, du, du, äh, ich, es ist noch nicht zu spät. Du kannst vor dem Abendessen nochmal deine Meinung ändern.

Yale: Werd jetzt bitte nicht sarkastisch! Meinst du, mir macht das Spaß?

Ike: Wie ... wie lange wolltest du dich denn dau-

ernd mit ihr treffen, ohne mir was davon zu sagen?
Yale: Jetzt mach nicht wieder eine deiner großen moralischen Kisten draus.
Ike: Du hättest es mir sagen ... aber du, du ... du hättest mich nur, verstehst du, nur anzurufen brauchen, und mit mir darüber reden. Mehr nicht. Ich hätte »Nein« gesagt, aber du wärst dir wie ein anständiger Mensch vorgekommen.
Yale: Ich wollts dir ja erzählen. Ich hab gewußt, daß du sauer sein würdest. Ich, äh, ich, wir haben uns ein paar Mal in aller Unschuld getroffen.
Ike: Ein paar Mal. Sie hat gesagt, ein Mal! Ihr beiden, ihr solltet euch erstmal auf eine Version einigen, weißt du. Habt ihrs denn nicht geprobt?
Yale: Wir waren zwei Mal zusammen Kaffee trinken.
Ike: He, mach mal halblang. Sie trinkt überhaupt keinen Kaffee. Was habt ihr wirklich gemacht? Euch zu Kaffee Hag getroffen? Das ist nicht gerade romantisch. Weißt du, das klingt eher n bißchen nach Altenpflege.
Yale: Also, ich bin schließlich kein Heiliger, okay?
Ike: Aber du ... du machst es dir ziemlich leicht mit dir ... siehst du das denn gar nicht? Weißt du, du ... du, das ist dein Problem, das ist dein eigentliches Problem. Du rationalisierst alles. Du bist nicht ehrlich mit dir selbst. Du redest davon ... daß du ... daß du ein Buch schreiben willst, aber ... aber, am Ende kaufst du dir lieber den Porsche, weißt du, oder ... du, du betrügst Emily ein bißchen und du druckst mir gegenüber ein bißchen mit der Wahrheit herum ... und als nächstes, weißt du,

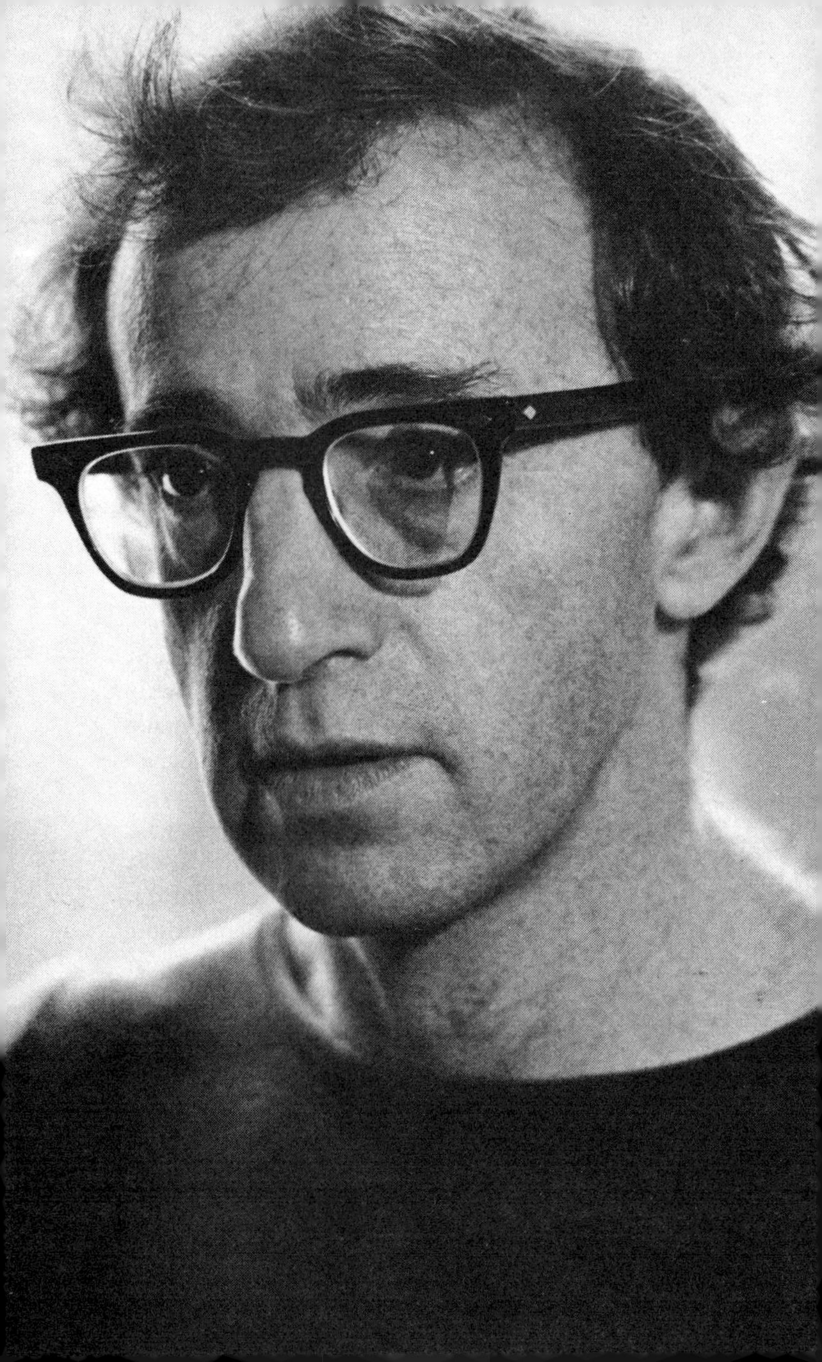

stehst du vor einem Senatsausschuß und nennst Namen und denunzierst deine Freunde!

Yale: Du bist so selbstgerecht, weißt du. Ich meine, wir sind auch nur Menschen, auch nur ganz normale Leute. Aber du denkst, du bist Gott.

Ike: Ich muß ja schließlich irgend n Vorbild haben.

Yale: Also, man kann einfach nicht so leben wie du lebst, verstehst du. So perfektionistisch.

Ike: Himmel, was werden künftige Generationen über uns sagen. O Gott! Weißt du, eines Tages . . .

Ike zeigt auf das Skelett.

Ike: . . . werden wir so wie er hier sein. Ich meine, weißt d-d-du, äh, er war wahrscheinlich einer von den schicken Leuten. Er hat wahrscheinlich getanzt und Tennis gespielt und all so was. Und, und, und jetzt? Also, so wirds uns auch gehen.

Ike zeigt wieder auf das Skelett.

Ike: Weißt du, äh, es ist sehr wichtig, irgendwie ein Stück persönlicher Integrität zu bewahren. Weißt du eines Tages, werde ich, werde ich auch so in einem Hörsaal herumhängen. Und . . . und ich will sicher gehen, daß man . . . wenn ich mich dünn gemacht habe, gut von mir denkt.

Ike geht hinaus.

Yale (off): Ike . . . Isaac, wo gehst du hin?

Innen. Ikes Apartment. Tag.

Ike sitzt geistesabwesend an der Schreibmaschine. Er nimmt ein Blatt Papier, spannt es ein, stellt den Kassettenrekorder an und beginnt zu schreiben.

Innen. Ikes Apartment. Nacht.

Ike schreibt an der Schreibmaschine.

Innen. Ikes Apartment. Tag.

Willie höhlt einen Kürbis aus. Ike höhlt einen riesigen Kürbis aus.

Außen. Central Park / Footballfeld. Tag.

Ike, Willie und andere geschiedene Väter spielen mit ihren Söhnen Football, man hört die Väter und Jungen schreien. Das Spiel geht zu Ende. Ike und Willie, auf ihren Sweatern ist zu lesen: GESCHIEDENE VÄTER & SÖHNE, ALLSTARS.

Innen. Soho / »Charcuterie«. Tag.

Ike und Emily sitzen beim Lunch. Während des ganzen Dialogs hört man die Unterhaltung der anderen Gäste als unbestimmtes Gemurmel.

Emily: Nein, ich habe gewußt, daß Yale seine Geschichten hat ... aber schließlich ... wo gibts schon was Vollkommenes. (seufzt) Die Ehe ist ... verlangt ... ein paar nebensächliche Kompromisse, glaube ich.

Ike: Weißt du (seufzt), das ist komisch, weil, ich kann nicht ... ich, weißt du, ich bin einfach kein

Kompromißler. Ich meine, ich kann nicht ... ich kann das einfach nicht so sehen. Weißt du, ich glaube, daß es immer ein großer Fehler ist zu ... die Augen zu verschließen ... (räuspert sich) weil, am Ende muß man immer dafür bezahlen ... egal. Weißt du, aber dann, du, also es ... Jill hat in diesem Buch über mich geschrieben, weißt du, daß ich, ich in der Vergangenheit lebe.

Emily: Und was ist mit dir? Hast du jemand kennengelernt?

Ike: Äh, äh, d-du weißt, ich, ich hatte nie Probleme, Frauen kennenzulernen. Ich meine, das ist, weißt du ... aber ... (räuspert sich) Ich habe gerade darüber vor einer Woche nachgedacht. Ich denke, und ich weiß, das klingt seltsam, aber ich denke, ich hab wirklich das große Los verschlampt, als ich Tracey gehen ließ. Erinnerst du dich an Tracey? Ja?

Emily: Ja, ich hab sie immer gut leiden können.

Ike: Pfff. Ja. Ich hab ... ich hab gerade letzte Woche zuhause darüber nachgedacht, und (seufzt) ich glaube, von all den Frauen, die ich während der letzten Jahre kennengelernt habe, wenn ich wirklich ehrlich bin ... pfff, denke ich, daß ich mit ihr das entspannteste Verhältnis hatte und, weißt du, mit ihr die schönste Zeit verlebt hatte. Sie war wirklich ein wunderbares Mädchen. Aber jung, stimmts? Also ... das wärs.

Emily: Warum rufst du sie nicht an?

Ike schüttelt den Kopf.

Ike: Nein, das werd ich niemals tun. Ich glaube, ich hab mirs gründlich vermasselt. Weißt du, ich, ich hab sie wirklich auf Distanz gehalten und hab ihr nie eine Chance gelassen. Und (seufzt) dabei war sie so süß. Weißt du, sie ... sie hat mich angerufen, äh, sie hat mir eine Nachricht hinterlassen, ungefähr vor einem Monat, daß ich mir »La Grande Illusion« im Fernsehen ansehen soll ...

Emily (kichert)

Ike: ... weißt du. Und ich hab nie auf ihren Anruf geantwortet oder so was. Ich, weißt du (schmatzt mit den Lippen) weil ich, weißt du, ich, äh, wollte ihr keine falschen Hoffnungen machen, oder so was. Ich, äh ... sie mochte mich wirklich, und ich (seufzt) ...

Emily: Pfff, weißt du, ich war ein bißchen sauer auf dich.

Ike hebt die Augenbrauen und zeigt auf sich. Emily nickt.

Ike: Auf mich?

Emily: Ja. Ich hab mir ausgemalt, wenn du Yale nicht Mary vorgestellt hättest, wär das ganze wahrscheinlich nicht passiert.

Ike nickt.

Innen. Ikes Apartment. Tag.

In einem Kassettenrekorder läuft ein Band.

Ike (off, ins Mikro): Eine Idee für eine Kurzgeschichte ... (seufzt) über, äh, pfff, Leute in Manhattan, die sich, äh, ständig, diese wirklich überflüssigen, äh, neurotischen Probleme schaffen, weil es sie davon abhält, äh, sich mit den unlösbaren, bedrohlichen Problemen, äh, des Universums zu beschäftigen.

Ike liegt auf der Couch und hält das Mikrophon vor dem Mund.

Ike (ins Mikro, seufzt): Äh, pff, es ist, äh ... also, es müßte zuversichtlicher klingen. Also gut, was macht das Leben lebenswert? Das ist eine sehr gute Frage. (seufzt) Äh, (räuspert sich, seufzt) also, (seufzt) es gibt, vermutlich, gewisse Dinge, die das Leben lebenswert machen. (seufzt) Wie zum Beispiel, äh? (seufzt) Okay ähm, für mich ... äh ... (seufzt) Oh, also, ich würde sagen ... Was, Groucho Marx ... um nur ein Beispiel zu nennen, äh, mhmmm, und (seufzt) Willie Mays, und (seufzt) äh, äh, der zweite Satz der Jupiter-Symphonie ... und, ähm (atmet aus) Louis Armstrong, die Aufnahme von Potatoehead Blues ... (seufzt) ähmm, schwedi-

sche Filme, natürlich, und die »Erziehung des Herzens« von Flaubert, äh, (seufzt), Marlon Brando, Frank Sinatra, (seufzt), ähmm, diese unglaublichen ... Äpfel und Birnen von Cézanne ... die Hummerkrabben ... bei Sam Wo ... pfff, äh (seufzt) Traceys Gesicht (kichert) ... (seufzt)

Ike legt das Mikrophon auf seine Brust und seufzt. Er stützt sich auf die Ellbogen, setzt sich dann auf und legt das Mikrophon auf den Tisch. Er steht auf und geht zur Kommode. Er öffnet eine Schublade, dann noch eine und nimmt die Mundharmonika aus einem Karton heraus. Er wirft den Karton auf den Eßtisch, zögert einen Augenblick, geht dann zur Couch, setzt sich und nimmt den Telefonhörer in die Hand. Er legt die Mundharmonika beiseite und wählt eine Nummer. Er nimmt den Hörer ans Ohr, wiegt ihn dann in der Hand und legt ihn wieder aufs Telefon. Er steht auf und geht zu einem Stuhl, über dem sein Jackett hängt. Er nimmt sein Jackett und rennt hinaus.

Außen. Straße. Tag.

Ike rennt an vielen Menschen vorbei über den Bürgersteig. Er läuft um die Ecke, dann auf die Straße, sieht nach dem Verkehr. Er versucht, ein Taxi zu finden. Er wirft verzweifelt die Arme hoch, dreht sich dann um und läuft weiter.

Außen. 2. Avenue/Yorkville St. Tag.

Ike rennt die Straße entlang. Er bleibt stehen, versucht

ruhiger zu atmen und winkt einem vorbeifahrenden Taxi. Er fängt wieder zu laufen an.

Außen. Eine Telefonzelle. Tag.

Ike nimmt den Hörer ab und wirft eine Münze ins Telefon. Er wählt Traceys Nummer. Es ist besetzt. Er sieht verzweifelt aus und hängt den Hörer wieder ein. Er verläßt die Zelle und läuft weiter.

Außen. Gramercy Park. Tag.

Ike läuft hinter dem Park vorbei.

Innen. Die Empfangshalle in Traceys Wohnhaus. Tag.

Man sieht durch die Glastür auf parkende Autos, als Ike auftaucht und zur Tür geht. Er scheint sich zu freuen.

Außen. Traceys Wohnhaus. Tag.

Durch die Glastür sieht man, wie Tracey einem Chauffeur ihren Koffer gibt. Der Chauffeur nimmt andere Koffer vom Boden auf und entfernt sich.

Innen. Empfangshalle in Traceys Wohnhaus. Tag.

Durch die Glastüre sieht man Ike, der ins Hausinnere schaut.

Außen. Traceys Wohnhaus. Tag.

Der Chauffeur öffnet Tracey die Tür. Tracey stellt ihre Tasche ab und bürstet sich die Haare. Der Chauffeur, dessen Spiegelbild in der Tür zu sehen ist, geht zum Auto und stellt die Koffer ab. Tracey hört auf, ihr Haar zu bürsten. Sie sieht Ike.

Innen. Empfangshalle in Traceys Wohnhaus. Tag.

Man sieht durch die Glastür Ike, der hineinschaut, während der Chauffeur die Autotür schließt und die Koffer hochnimmt. Ike stößt die Tür auf, kommt herein und geht auf Tracey zu.

Ike (seufzt): Hallo!

Tracey (seufzt): Hallo!

Ike: Pfff. Ich . . . (räuspert sich)

Tracey: Was machst du denn hier?

Ike: Pfff. (seufzt) Also (räuspert sich), ich bin gerannt. (schnappt nach Luft und schnauft) Pff. Ich, ich hab versucht, dich anzurufen, aber, äh . . . es war besetzt, also (atmet ein) hab ich gewußt, daß für die nächsten zwei Stunden nichts zu wollen ist . . .

Tracey (kichert)

Ike: . . . und dann hab ich kein Taxi kriegen können. Da bin ich gerannt. (atmet schwer) Pfff. Wo gehst du hin?

Tracey: London.

Ike: Du gehst jetzt nach London? (schnappt nach Luft) Du meinst, wenn . . . was . . . was soll das heißen? Wenn ich . . . wenn ich jetzt zwei Minuten später gekommen wäre, wärst du, wärst du, wärst du schon auf dem Weg nach London gewesen?

Tracey nickt und seufzt.

Ike (seufzt): Ja dann, (seufzt) laß mich gleich zur Sache kommen. (räuspert sich) Ich finde, du solltest lieber nicht gehen. Ich glaube, ich hab einen großen Fehler gemacht und mir wärs lieber, wenn du nicht gehen würdest.

Tracey (seufzt): O Isaac!

Ike: Ich, ich meine es ernst. Ich weiß, es sieht jetzt ziemlich blöd aus (gluckst), aber, äh ... weißt du, es, äh, äh, hast du jemand andern kennengelernt? Bist du mit irgend jemand zusammen?

Tracey schüttelt den Kopf.

Tracey: Nein.

Ike zuckt die Schultern.

Ike (seufzt): Ja ... also ... l-l-l-liebst du mich immer noch oder ist das vorbei oder was?

Tracey: Guter Gott, du (seufzt) tauchst hier plötzlich auf! D-du rufst mich nie an und dann bist du auf einmal da! Ich meine ... was ist mit der Frau, die du kennengelernt hast?

Ike: Ja, also, also, das werd ich dir sagen, äh, es ist, äh, Gott, ja, ich seh sie nicht mehr. Ich meine, weißt du, sagen wir ... hör zu, ich habe einen Fehler gemacht. Was soll ich sonst noch sagen? Ich finde, du sollst lieber nicht nach London gehen. (seufzt)

Tracey: Aber ich muß gehen. Es ist doch alles vorbereitet, alles arrangiert. Ich meine, meine Eltern sind schon dort und suchen eine Wohnung für mich.

Ike zuckt die Schultern.

Ike (seufzt): Pfff. Ja, also, äh, äh, liebst du mich nun noch oder was?

Tracey: Liebst du mich denn?

Ike: Nun, ja, darum bin ich, äh ... nun ja, natürlich, darum gehts ja überhaupt ... weißt du.

Tracey: Rat mal, was passiert ist! Vorgestern bin ich achtzehn geworden.

Ike: Wirklich?

Tracey (kichert): Jetzt bin ich nicht mehr verboten, aber ich bin immer noch ein kleines Mädchen.

Ike: Son kleines Mädchen bist du gar nicht. Achtzehn Jahre! Weißt du, du kannst ... du kannst, sie könnten dich zur Armee einziehen.

Tracey (lächelt)

Ike: Weißt du, in manchen Ländern würdest du ...

Ike streicht Tracey die Haare aus dem Gesicht.

Tracey (gluckst)

Ike: He! ... Du siehst gut aus!

Ike streichelt ihr Gesicht.

Tracey: Du hast mir sehr weh getan.

Ike: Äh, es war nicht mit Absicht ... weißt du, ich meine ... ich, weißt du ich, es war einfach ... die Art und Weise, wie ich die Dinge damals betrachtet habe.

Tracey: Also, ich bin in sechs Monaten wieder zurück.

Ike zuckt zusammen und hebt die Augenbrauen.

Ike: Sechs Monate! Bist du wahnsinnig? Sechs Monate willst du wegbleiben?

Tracey: Jetzt geht das schon so lange mit uns. Also, ich meine, was sind sechs Monate, wenn wir uns immer noch lieben?

Ike: He, jetzt sei bloß nicht so abgeklärt und weise, okay! Ich meine, sechs Monate sind eine lange Zeit. Sechs Monate! Weißt du, du, du wirst ... du wirst in ... in ... in ... dort im Theater arbeiten. Du wirst mit Schauspielern und Regisseuren zusammen sein. Weißt du, du wirst ... weißt du, du gehst auf die Probe und du ... du wirst dann dauernd mit diesen Leuten zusammenklucken. Ihr werdet oft gemeinsam essen und, und (räuspert sich) also, weißt du, und wenn man dauernd so zusammen ist, dann ändert man ... und ... und, weißt du, ich meine, du, du wirst dich ändern. Weißt du, du wirst ... du wirst ... in sechs Monaten wirst du ein vollkommen anderer Mensch sein.

Tracey: Ja, (schluckt) willst du denn nicht, daß ich diese Erfahrung mache? Ich meine, es ist nicht allzu lange her, da hattest du sehr überzeugende Argumente dafür.

Ike zuckt die Schultern.

Ike: Pfff. Ja, natürlich hatte ich die. Aber du weißt, aber du könntest ... Weißt du, du ... ich meine, ich ... ich möchte nur nicht, daß das, was mir an dir so gefällt, sich ändert.

Tracey: Ich muß mein Flugzeug kriegen.

Ike: Ach komm, du ... komm schon. Du mußt ... du mußt doch nicht wirklich weg!

Tracey: Warum hast du mir das (schluckt) nicht vorige Woche gesagt?

Ike zuckt die Schultern.

Tracey: Sieh mal, sechs Monate sind doch nicht so lange. Nicht jeder wird verdorben, Pfff. Schau, du mußt einfach ein bißchen an die Menschen glauben!

Ike lächelt mit einem zweifelnden Gesichtsausdruck.

Außen. Manhattan. Tag.

Die Skyline. Die Sonne geht in einem bewölkten Himmel unter.

Außen. Gebäude und eine erleuchtete Brücke. Nacht.

Liliana Betti
Fellini. Ein Porträt. Mit 80 Fotos und Zeichnungen. Deutsch von Inez De Florio-Hansen detebe 20769

● F. Scott Fitzgerald

Pat Hobby's Hollywood-Stories. Übersetzt und mit Anmerkungen von Harry Rowohlt detebe 20510
Der letzte Taikun. Roman. Deutsch von Walter Schürenberg. detebe 20395

● Paul Flora

Vivat Vamp! Ein Fotobuch zum Lob des Vamps von Mae West bis Marilyn Monroe. Mit gezeichneten Kommentaren von Paul Flora und einer Einleitung von Gregor von Rezzori. detebe 20120

● Loriot

Dramatische Werke. Texte und Bilder aus sämtlichen Fernsehsendungen. Leinen

● Frank MacShane

Raymond Chandler. Eine Biographie. Aus dem Amerikanischen von Christa Hotz, Alfred Probst und Wulf Teichmann
detebe 20960

● Prosper Mérimée

Carmen. Novelle. Aus dem Französischen von Arthur Schurig. detebe 21188

● Jean Renoir

La règle du jeu (›Die Spielregel‹). Drehbuch mit 58 Fotos. Aus dem Französischen von Angela von Hagen. detebe 20434
La grande illusion (›Die große Illusion‹) Drehbuch mit 58 Fotos. Deutsch von Angela von Hagen. detebe 20435

● Hans Jürgen Syberberg

Der Wald steht schwarz und schweiget. Neue Notizen aus Deutschland. Broschur

● Cesare Zavattini

Liebenswerte Geister. Kleine Reise ins Jenseits. Erzählung. Aus dem Italienischen von Lisa Rüdiger. Mit einer Vorrede von Vittorio de Sica und Illustrationen von Corina Steinrisser. detebe 21058

● Reiner Zimnik

Sebastian Gsangl. Die Erlebnisse und Meinungen eines gutmütig-grantligen Bayern mit Bürger-Mut. detebe 20694
Geschichten vom Lektro. detebe 20671
Neue Geschichten vom Lektro. detebe 20672

Amerikanische Literatur im Diogenes Verlag

● Joan Aiken
Die Kristallkrähe. Roman. Deutsch von Helmut Degner. detebe 20138

● Woody Allen
Manhattan. Vollständiges Drehbuch mit 20 Szenenfotos. Deutsch von Hellmuth Karasek und Armgard Seegers. detebe 20821
Der Stadtneurotiker. Vollständiges Drehbuch mit 19 Szenenfotos. Deutsch von Eckhard Henscheid und Sieglinde Rahm detebe 20822
Interiors. Vollständiges Drehbuch mit 16 Szenenfotos. Deutsch von Hellmuth Karasek und Armgard Seegers. detebe 20823
Stardust Memories. Vollständiges Drehbuch mit 32 Szenenfotos. Deutsch von Hellmuth Karasek und Armgard Seegers. detebe 20824
Zelig. Vollständiges Drehbuch mit 16 Szenenfotos. Deutsch von Armgard Seegers detebe 21154
Weitere Werke in Vorbereitung

● Sherwood Anderson
Ich möchte wissen warum. Ausgewählte Erzählungen. Deutsch von Karl Lerbs und Helene Henze. detebe 20514

● Louis Armstrong
Mein Leben in New Orleans. Autobiographie. Deutsch von Hans Georg Brenner detebe 20359

● John Bellairs
Das Haus, das tickte. Roman. Deutsch von Alexander Schmitz. Mit Zeichnungen von Edward Gorey. detebe 20368

● Ambrose Bierce
Die Spottdrossel. Erzählungen und Fabeln. Auswahl und Vorwort von Mary Hottinger. Deutsch von Joachim Uhlmann, Günter Eichel und Maria von Schweinitz. Zeichnungen von Tomi Ungerer. detebe 20234

● Ray Bradbury
Die Mars-Chroniken. Roman in Erzählungen. Deutsch von Thomas Schlück detebe 20863
Der illustrierte Mann. Erzählungen. Deutsch von Peter Naujack. detebe 20365
Fahrenheit 451. Roman. Deutsch von Fritz Güttinger. detebe 20862
Die goldenen Äpfel der Sonne. Erzählungen. Deutsch von Margarete Bormann detebe 20864
Medizin für Melancholie. Erzählungen Deutsch von Margarete Bormann detebe 20865
Das Böse kommt auf leisen Sohlen. Roman. Deutsch von Norbert Wölfl. detebe 20866
Löwenzahnwein. Roman. Deutsch von Alexander Schmitz. detebe 21045
Das Kind von morgen. Erzählungen. Deutsch von Hans-Joachim Hartstein. detebe 21205
Die Mechanismen der Freude. Erzählungen Deutsch von Peter Naujack. detebe 21242

● Harold Brodkey
Erste Liebe und andere Sorgen. Erzählungen. Deutsch von Elizabeth Gilbert. detebe 20774

● Fredric Brown
Flitterwochen in der Hölle. Science-Fiction-Geschichten. Deutsch von B. A. Egger. Mit Illustrationen von Peter Neugebauer detebe 20600

● W. R. Burnett
Little Caesar. Roman. Deutsch von Georg Kahn-Ackermann. detebe 21061
High Sierra. Roman. Deutsch von Armgard Seegers und Hellmuth Karasek. detebe 21208

● Erskine Caldwell
Wo die Mädchen anders waren. Ausgewählte Geschichten. Deutsch von Inge M. Artl, Elisabeth Schnack und Joachim Marten detebe 21186

● Raymond Chandler
Die besten Detektivstories. Deutsch von Hans Wollschläger. Diogenes Evergreens
Der große Schlaf. Roman. Deutsch von Gunar Ortlepp. detebe 20132
Die kleine Schwester. Roman. Deutsch von Walter E. Richartz. detebe 20206
Das hohe Fenster. Roman. Deutsch von Urs Widmer. detebe 20208
Der lange Abschied. Roman. Deutsch von Hans Wollschläger. detebe 20207
Die simple Kunst des Mordes. Essays, Briefe, eine Geschichte und ein Romanfragment. Herausgegeben von Dorothy Gardiner und Kathrine Sorley Walker. Deutsch von Hans Wollschläger. detebe 20209

Die Tote im See. Roman. Deutsch von Hellmuth Karasek. detebe 20311
Lebwohl, mein Liebling. Roman. Deutsch von Wulf Teichmann. detebe 20312
Playback. Roman. Deutsch von Wulf Teichmann. detebe 20313
Mord im Regen. Frühe Stories. Vorwort von Prof. Philip Durham. Deutsch von Hans Wollschläger. detebe 20314
Erpresser schießen nicht. Gesammelte Detektivstories I. Mit einem Vorwort des Autors. Deutsch von Hans Wollschläger
detebe 20751
Der König in Gelb. Gesammelte Detektivstories II. Deutsch von Hans Wollschläger
detebe 20752
Gefahr ist mein Geschäft. Gesammelte Detektivstories III. Deutsch von Hans Wollschläger. detebe 20753
Englischer Sommer. Geschichten, Parodien, Essays. Mit einem Vorwort von Patricia Highsmith, Zeichnungen von Edward Gorey und einer Erinnerung an den Drehbuchautor Chandler von John Houseman. Deutsch von Wulf Teichmann, Hans Wollschläger u.a. Mit einer kompletten Chandler-Bibliographie und -Filmographie. detebe 20754

Als Ergänzungsband liegt vor:
Frank MacShane
Raymond Chandler. Eine Biographie
Deutsch von Christa Hotz, Alfred Probst und Wulf Teichmann. detebe 20960

● Stephen Crane

Das blaue Hotel. Erzählungen. Herausgegeben, übersetzt und mit einem Nachwort von Walter E. Richartz. detebe 20789
Die rote Tapferkeitsmedaille. Roman
Deutsch von Eduard Klein und Klaus Marschke. Mit einem Nachwort von Stanley J. Kunitz und Howard Haycraft
detebe 21299

● Ralph Waldo Emerson

Natur. Essay. Deutsch von Harald Kiczka
Diogenes Evergreens
Essays. Herausgegeben und übersetzt von Harald Kiczka. Mit zahlreichen Anmerkungen und einem ausführlichen Index
detebe 21071

● William Faulkner

Brandstifter. Gesammelte Erzählungen I
Deutsch von Elisabeth Schnack
detebe 20040
Eine Rose für Emily. Gesammelte Erzählungen II. Deutsch von Elisabeth Schnack
detebe 20041
Rotes Laub. Gesammelte Erzählungen III.
Deutsch von Elisabeth Schnack
detebe 20042
Sieg im Gebirge. Gesammelte Erzählungen IV.
Deutsch von Elisabeth Schnack
detebe 20043
Schwarze Musik. Gesammelte Erzählungen V.
Deutsch von Elisabeth Schnack
detebe 20044
Die Unbesiegten. Roman. Deutsch von Erich Franzen. detebe 20075
Sartoris. Roman. Deutsch von Hermann Stresau. detebe 20076
Als ich im Sterben lag. Roman. Deutsch von Albert Hess und Peter Schünemann
detebe 20077
Schall und Wahn. Roman. Revidierte Übersetzung von Elisabeth Kaiser und Helmut M. Braem. detebe 20096
Absalom, Absalom! Roman. Deutsch von Hermann Stresau. detebe 20148
Go down, Moses. Chronik einer Familie. Roman. Deutsch von Hermann Stresau und Elisabeth Schnack. detebe 20149
Der große Wald. Vier Jagdgeschichten
Deutsch von Elisabeth Schnack
detebe 20150
Griff in den Staub. Roman. Deutsch von Harry Kahn. detebe 20151
Der Springer greift an. Kriminalgeschichten.
Deutsch von Elisabeth Schnack
detebe 20152
Soldatenlohn. Roman. Revidierte Übersetzung von Susanna Rademacher. detebe 20511
Moskitos. Roman. Revidierte Übersetzung von Richard K. Flesch. detebe 20512
Wendemarke. Roman. Revidierte Übersetzung von Georg Goyert. detebe 20513
Die Freistatt. Roman. Deutsch von Hans Wollschläger. Vorwort von André Malraux
detebe 20802
Licht im August. Roman. Deutsch von Franz Fein. detebe 20803
Wilde Palmen und Der Strom. Doppelroman. Deutsch von Helmut M. Braem und Elisabeth Kaiser. detebe 20988
Die Spitzbuben. Roman. Deutsch von Elisabeth Schnack. detebe 20989
Eine Legende. Roman. Deutsch von Kurt Heinrich Hansen. detebe 20990
Requiem für eine Nonne. Roman in Szenen. Deutsch von Robert Schnorr. detebe 20991
Das Dorf. Roman. Erster Teil der *Snopes-Trilogie.* Deutsch von Helmut M. Braem und Elisabeth Kaiser. detebe 20992
Die Stadt. Roman. Zweiter Teil der *Snopes-Trilogie.* Deutsch von Elisabeth Schnack
detebe 20993

Das Haus. Roman. Dritter Teil der *Snopes-Trilogie.* Deutsch von Elisabeth Schnack detebe 20994
New Orleans. Skizzen und Erzählungen. Deutsch von Arno Schmidt. detebe 20995
Briefe. Nach der von Joseph Blotner edierten amerikanischen Erstausgabe von 1977, herausgegeben und übersetzt von Elisabeth Schnack und Fritz Senn. detebe 20958

Als Ergänzungsband liegt vor:
Über William Faulkner. Essays, Rezensionen, ein Interview, Zeichnungen, Chronik und Bibliographie. Herausgegeben von Gerd Haffmans. detebe 20098

● F. Scott Fitzgerald

Der große Gatsby. Roman. Revidierte Übersetzung von Walter Schürenberg detebe 20183
Der letzte Taikun. Roman. Deutsch von Walter Schürenberg. detebe 20395
Pat Hobby's Hollywood-Stories. Übersetzt und mit Anmerkungen versehen von Harry Rowohlt. detebe 20510
Der Rest von Glück. Erzählungen 1920 detebe 20744
Ein Diamant – so groß wie das Ritz. Erzählungen 1922–1926. detebe 20745
Der gefangene Schatten. Erzählungen 1926 bis 1928. detebe 20746
Die letzte Schöne des Südens. Erzählungen 1928–1930. detebe 20747
Wiedersehen mit Babylon. Erzählungen 1930 bis 1940. detebe 20748
Alle Erzählungen in der Übersetzung von Walter Schürenberg, Walter E. Richartz u.a.
Zärtlich ist die Nacht. Roman. Neu übersetzt von Walter E. Richartz und Hanna Neves. Vorwort von Malcolm Cowley. detebe 21119
Das Liebesschiff. Erzählungen. Deutsch von Alexander Schmitz. detebe 21187
Der ungedeckte Scheck. Erzählungen Deutsch von Alexander Schmitz detebe 21305

● Dashiell Hammett

Die besten Geschichten von Dashiell Hammett. Ausgewählt von William Matheson Diogenes Evergreens
Der Malteser Falke. Roman. Deutsch von Peter Naujack. detebe 20131
Rote Ernte. Roman. Deutsch von Gunar Ortlepp. detebe 20292
Der Fluch des Hauses Dain. Roman. Deutsch von Wulf Teichmann. detebe 20293
Der gläserne Schlüssel. Roman. Deutsch von Hans Wollschläger. detebe 20294
Der dünne Mann. Roman. Deutsch von Tom Knoth. detebe 20295
Fliegenpapier. Detektivstories I. Deutsch von Harry Rowohlt, Helmut Kossodo, Helmut Degner, Peter Naujack und Elizabeth Gilbert. Vorwort von Lillian Hellman detebe 20911
Fracht für China. Detektivstories II. Deutsch von Elizabeth Gilbert, Antje Friedrichs und Walter E. Richartz. detebe 20912
Das große Umlegen. Detektivstories III. Deutsch von Walter E. Richartz, Hellmuth Karasek und Wulf Teichmann. detebe 20913
Das Haus in der Turk Street. Detektivstories IV. Deutsch von Wulf Teichmann detebe 20914
Das Dingsbums Küken. Detektivstories V. Deutsch von Wulf Teichmann. Nachwort von Steven Marcus. detebe 20915

Als Ergänzungsband liegt vor:

Diane Johnson

Dashiell Hammett. Eine Biographie. Aus dem Amerikanischen von Nikolaus Stingl. Mit zahlreichen Abbildungen. Leinen

● O. Henry

Die klügere Jungfrau. Erzählungen. Mit einem Essay von Cesare Pavese. detebe 20871
Das Herz des Westens. Erzählungen detebe 20872
Der edle Gauner. Erzählungen detebe 20873
Wege des Schicksals. Erzählungen detebe 20874
Streng geschäftlich. Erzählungen detebe 20875
Rollende Steine. Erzählungen. detebe 20876
Alle Erzählungen deutsch von Annemarie und Heinrich Böll, Hans Wollschläger u.a.

● Patricia Highsmith

Leute, die an die Tür klopfen. Roman Deutsch von Anne Uhde. Leinen
Nixen auf dem Golfplatz. Erzählungen Deutsch von Anne Uhde. Leinen
Die besten Geschichten von Patricia Highsmith. Deutsch von Anne Uhde, Walter E. Richartz und Wulf Teichmann Diogenes Evergreens
Der Stümper. Roman. Deutsch von Barbara Bortfeldt. detebe 20136
Zwei Fremde im Zug. Roman. Deutsch von Anne Uhde. detebe 20173
Der Geschichtenerzähler. Roman. Deutsch von Anne Uhde. detebe 20174
Der süße Wahn. Roman. Deutsch von Christian Spiel. detebe 20175

Die zwei Gesichter des Januars. Roman. Deutsch von Anne Uhde. detebe 20176
Der Schrei der Eule. Roman. Deutsch von Gisela Stege. detebe 20341
Tiefe Wasser. Roman. Deutsch von Eva Gärtner und Anne Uhde. detebe 20342
Die gläserne Zelle. Roman. Deutsch von Gisela Stege und Anne Uhde. detebe 20343
Das Zittern des Fälschers. Roman. Deutsch von Anne Uhde. detebe 20344
Lösegeld für einen Hund. Roman. Deutsch von Anne Uhde. detebe 20345
Der talentierte Mr. Ripley. Deutsch von Barbara Bortfeldt. detebe 20481
Ripley Under Ground. Deutsch von Anne Uhde. detebe 20482
Ripley's Game. Roman. Deutsch von Anne Uhde. detebe 20346
Der Schneckenforscher. Gesammelte Geschichten. Vorwort von Graham Greene. Deutsch von Anne Uhde. detebe 20347
Ein Spiel für die Lebenden. Deutsch von Anne Uhde. detebe 20348
Kleine Geschichten für Weiberfeinde Deutsch von Walter E. Richartz. Zeichnungen von Roland Topor. detebe 20349
Kleine Mordgeschichten für Tierfreunde Deutsch von Anne Uhde. detebe 20483
Venedig kann sehr kalt sein. Roman. Deutsch von Anne Uhde. detebe 20484
Ediths Tagebuch. Roman. Deutsch von Anne Uhde. detebe 20485
Der Junge, der Ripley folgte. Roman Deutsch von Anne Uhde. detebe 20649
Leise, leise im Wind. Zwölf Geschichten. Deutsch von Anne Uhde. detebe 21012
Keiner von uns. Erzählungen. Deutsch von Anne Uhde. detebe 21179

Als Ergänzungsband liegt vor:
Über Patricia Highsmith. Essays und Zeugnisse von Graham Greene bis Peter Handke. Mit Bibliographie, Filmographie und zahlreichen Fotos. Herausgegeben von Fritz Senn und Franz Cavigelli. detebe 20818

● John Irving

Laßt die Bären los! Roman. Deutsch von Michael Walter. Leinen
Das Hotel New Hampshire. Roman. Deutsch von Hans Hermann. detebe 21194

● Ring Lardner

Geschichten aus dem Jazz-Zeitalter. Auswahl, Nachwort und Übersetzung von Fritz Güttinger. detebe 20153

● Carson McCullers

Wunderkind. Erzählungen I. Deutsch von Elisabeth Schnack. detebe 20140
Madame Zilensky und der König von Finnland. Erzählungen II. Deutsch von Elisabeth Schnack. detebe 20141
Die Ballade vom traurigen Café. Novelle. Deutsch von Elisabeth Schnack. Diogenes Evergreens. Auch als detebe 20142
Das Herz ist ein einsamer Jäger. Roman. Deutsch von Susanna Rademacher detebe 20143
Spiegelbild im goldnen Auge. Roman. Deutsch von Richard Moering. detebe 20144
Frankie. Roman. Deutsch von Richard Moering. detebe 20145
Uhr ohne Zeiger. Roman. Deutsch von Elisabeth Schnack. detebe 20146

Als Ergänzungsband liegt vor:
Über Carson McCullers. Essays von und über Carson McCullers; Chronik und Bibliographie. Deutsch von Elisabeth Schnack und Elizabeth Gilbert. Herausgegeben von Gerd Haffmans. detebe 20147

● Ross Macdonald

Dornröschen war ein schönes Kind. Roman. Deutsch von Wulf Teichmann. detebe 20227
Unter Wasser stirbt man nicht. Roman Deutsch von Hubert Deymann detebe 20322
Ein Grinsen aus Elfenbein. Roman. Deutsch von Charlotte Hamberger. detebe 20323
Die Küste der Barbaren. Roman. Deutsch von Marianne Lipcowitz. detebe 20324
Der Fall Galton. Roman. Deutsch von Egon Lothar Wensk. detebe 20325
Gänsehaut. Roman. Deutsch von Gretel Friedmann. detebe 20326
Der blaue Hammer. Roman. Deutsch von Peter Naujack. detebe 20541
Durchgebrannt. Roman. Deutsch von Helmut Degner. detebe 20868
Geld kostet zuviel. Roman. Deutsch von Günter Eichel. detebe 20869
Die Kehrseite des Dollars. Roman. Deutsch von Günter Eichel. detebe 20877
Der Untergrundmann. Roman. Deutsch von Hubert Deymann. detebe 20878
Der Drahtzieher. Sämtliche Detektivstories um Lew Archer I. Mit einem Vorwort des Autors. Deutsch von Hubert Deymann und Peter Naujack. detebe 21018
Einer lügt immer. Sämtliche Detektivstories um Lew Archer II. Deutsch von Hubert Deymann und Peter Naujack. detebe 21019
Sanftes Unheil. Roman. detebe 21178
Blue City. Roman. Deutsch von Christina Sieg-Welti und Christa Hotz. detebe 21317
Der Mörder im Spiegel. Roman. Deutsch von Dietlind Bindheim. detebe 21303

A. E. W. Mason

Die vier Federn. Roman. Deutsch von Thomas Schlück. detebe 21176

Herman Melville

Moby-Dick. Roman. Deutsch von Thesi Mutzenbecher und Ernst Schnabel detebe 20835
Billy Budd. Erzählung. Deutsch von Richard Moering. detebe 20787

Margaret Millar

Nymphen gehören ins Meer. Roman Deutsch von Otto Bayer. Leinen
Liebe Mutter, es geht mir gut... Roman Deutsch von Elizabeth Gilbert detebe 20226
Die Feindin. Roman. Deutsch von Elizabeth Gilbert. detebe 20276
Fragt morgen nach mir. Roman. Deutsch von Anne Uhde. detebe 20542
Ein Fremder liegt in meinem Grab. Roman. Deutsch von Elizabeth Gilbert. detebe 20646
Die Süßholzraspler. Roman. Deutsch von Georg Kahn-Ackermann und Susanne Feigl detebe 20926
Von hier an wird's gefährlich. Roman Deutsch von Fritz Güttinger. detebe 20927
Der Mord von Miranda. Roman. Deutsch von Hans Hermann. detebe 21028
Das eiserne Tor. Roman. Deutsch von Karin Reese und Michel Bodmer. detebe 21063
Fast wie ein Engel. Roman. Deutsch von Luise Däbritz. detebe 21190

Edgar Allan Poe

Die besten Geschichten von Edgar Allan Poe. Ausgewählt von Mary Hottinger Diogenes Evergreens
Die schwarze Katze und andere Verbrechergeschichten. detebe 21183
Die Maske des roten Todes und andere phantastische Fahrten. detebe 21184
Der Teufel im Glockenstuhl und andere Scherz- und Spottgeschichten. detebe 21185
Der Untergang des Hauses Usher und andere Geschichten von Schönheit, Liebe und Wiederkunft. detebe 21184

Alle vier Bände herausgegeben von Theodor Etzel. Deutsch von Gisela Etzel, Wolf Durian u.a.
Die denkwürdigen Erlebnisse des Arthur Gordon Pym. Roman. Deutsch von Gisela Etzel. Mit einem Nachwort von Jörg Drews detebe 21267

Patrick Quentin

Bächleins Rauschen tönt so bang ... Geschichten. Deutsch von Günter Eichel detebe 20195
Familienschande. Roman. Deutsch von Helmut Degner. detebe 20917

Jack Ritchie

Der Mitternachtswürger. Detektivgeschichten. Aus dem Amerikanischen von Alfred Probst. detebe 21293

Henry Slesar

Die besten Geschichten von Henry Slesar Herausgegeben von Anne Schmucke Diogenes Evergreens
Das graue distinguierte Leichentuch. Roman. Deutsch von Paul Baudisch und Thomas Bodmer. detebe 20139
Vorhang auf, wir spielen Mord! Roman. Deutsch von Thomas Schlück detebe 20216
Erlesene Verbrechen und makellose Morde. Geschichten. Deutsch von Günter Eichel und Peter Naujack. Vorwort von Alfred Hitchcock. Zeichnungen von Tomi Ungerer detebe 20225
Ein Bündel Geschichten für lüsterne Leser. Deutsch von Günter Eichel. Einleitung von Alfred Hitchcock. Zeichnungen von Tomi Ungerer. detebe 20275
Hinter der Tür. Roman. Deutsch von Thomas Schlück. detebe 20540
Aktion Löwenbrücke. Roman. Deutsch von Günter Eichel. detebe 20656
Ruby Martinson. Geschichten vom größten erfolglosen Verbrecher der Welt. Deutsch von Helmut Degner. detebe 20657
Schlimme Geschichten für schlaue Leser Deutsch von Thomas Schlück. detebe 21036
Coole Geschichten für clevere Leser. Deutsch von Thomas Schlück. detebe 21046
Fiese Geschichten für fixe Leser. Deutsch von Thomas Schlück. detebe 21125
Böse Geschichten für brave Leser. Deutsch von Christa Hotz und Thomas Schlück detebe 21248

Elinor Goulding Smith

Die perfekte Hausfrau. Deutsch von Elisabeth Schnack. Mit Zeichnungen von Loriot. detebe 21082

Henry David Thoreau

Walden oder Leben in den Wäldern. Deutsch von Emma Emmerich und Tatjana Fischer. Mit Anmerkungen, Chronik und Register und mit einem Vorwort von W. E. Richartz detebe 20019

Über die Pflicht zum Ungehorsam gegen den Staat und andere Essays. Auswahl, Übersetzung und Nachwort von W. E. Richartz detebe 20063

● Mark Twain

Die besten Geschichten von Mark Twain Achtundzwanzig ausgewählte Skizzen und Erzählungen. Mit einem Vorwort von N. O. Scarpi. Bearbeitung von Marie-Louise Bischof und Ruth Binde
Diogenes Evergreens

Auch lieferbar als:
Die Million-Pfund-Note. Skizzen und Erzählungen I. Mit Zeichnungen von Bob van den Born. detebe 20918
Menschenfresserei in der Eisenbahn. Skizzen und Erzählungen II. Mit Zeichnungen von Bob van den Born. detebe 20919
Gesammelte Werke in 5 Bänden. Herausgegeben, mit Anmerkungen und einem Nachwort von Klaus-Jürgen Popp. detebe 21338

● Nathanael West

Schreiben Sie Miss Lonelyhearts. Roman. Mit einer Einführung von Alan Ross. Deutsch von Fritz Güttinger. detebe 20058
Tag der Heuschrecke. Roman. Deutsch von Fritz Güttinger. detebe 20059
Eine glatte Million oder Die Demontage des Mister Lemuel Pitkin. Roman. Übersetzung, Anmerkungen und Nachwort von Dieter E. Zimmer. detebe 20249

● Das Diogenes Lesebuch amerikanischer Erzähler

Geschichten von Washington Irving bis Harold Brodkey. Mit einleitenden Essays von Edgar A. Poe und Ring Lardner, Zeittafel, bio-bibliographischen Notizen und Literaturhinweisen. Herausgegeben von Gerd Haffmans. detebe 20271